Isaac Misses

Darstellung und kritische Beleuchtung der jüdischen Geheimlehre

Isaac Misses

Darstellung und kritische Beleuchtung der jüdischen Geheimlehre

ISBN/EAN: 9783743314641

Hergestellt in Europa, USA, Kanada, Australien, Japan

Cover: Foto ©Thomas Meinert / pixelio.de

Manufactured and distributed by brebook publishing software
(www.brebook.com)

Isaac Misses

Darstellung und kritische Beleuchtung der jüdischen Geheimlehre

צפנת פענה

Darstellung

und kritische

Beleuchtung

der

jüdischen Geheimlehre.

Von

Isaac Misses

Erstes Heft.

Krakau, 1862.

In Commission bei Julius Wildt.

Kurze Vorerinnerung.

Die Veröffentlichung eines Versuches, die Kabbala objectiv darzustellen, resp. wissenschaftlich zu erläutern, braucht um so weniger erst motivirt und befürwortet zu werden, als man wohl über keinen Ueberfluss an derartigen Leistungen klagen kann, trotzdem dass diese Lehre in das religiöse Leben und Denken eines grossen Theiles der Judenheit tief eingedrungen und eine Klärung der Begriffe über Entstehung, Wesen, vortheilhaften oder nachtheiligen Einfluss derselben gewiss ein Bedürfniss ist.

Die von Dr. Jellinek gesammelten und mit vorzüglichen kritischen Bemerkungen edirten älteren kabbalistischen Piecen, wie einige die jüdische Mystik betreffenden Abhandlungen von Dr. Grätz, so werthvoll sie auch sind, besonders als Materialien, genügen doch bei weitem nicht, um eine Idee von den Hauptprincipien der Kabbala, wie sie sich seit dem 13. Jahrhundert entwickelt und zum völligen System erhoben hat, zu verschaffen, viele dieser Piecen sind eigentlich nur als ausartende Fortsetzungen der ältern Agada zu betrachten, weshalb auch, wie Grätz dieses sehr richtig nachgewiesen hat, die Karäer dieselben den Talmudisten überhaupt, und nicht gerade den Kabbalisten zuschrieben und für die in denselben sich befindenden Meinungen verantwortlich machten. Das von Dr. Jost über diesen Gegenstand in einigen Capiteln (Geschichte des Judenthums u. s. Secten Th. III.) Mitgetheilte, verdient seiner Oberflächlichkeit wegen kaum der Erwähnung.

Ob und inwiefern diese Schrift, von der vorliegende Blätter das erste Heft bilden, diese Aufgabe wenigstens zum Theil gelöst hat, ist natürlich die Sache der Leser zu entscheiden, nicht des Verfassers, der sich hier nur erlaubt, einige Worte über Tendenz und Form des ersten Heftes voranzuschicken. Bei den extremen Meinungen, die jetzt über die Kabbala herrschen, muss das Interesse für eine wissenschaftliche Bearbeitung derselben erst durch ein Entgegentreten der beiden Extreme geweckt werden. Während die Einen dieselbe für ein Gewebe des puren Unsinns, des crassesten Antropomorphismus, keiner wissenschaftlichen Begründuug fähig halten, gilt sie den Anderen als die allerhöchste Errungenschaft des Geistes, die aber nur den Auserkorenen, Makellosen, durch göttliche Gnade geoffenbart wird, das menschliche Denken und Forschen aber ist nicht nur unnütz und vergeblich, sondern verderblich und eine unverzeihliche Anmassung. Es wurde daher nicht erst nach Vollendung des ganzen Werkes und erschöpfender Darstellung der Kabbala selbst, sondern gleich im ersten Hefte die Ursachen und Quellen ihrer Entstehung, ihre Blüthenzeit, die extensive Zunahme und den intensiven Verfall derselben, wie ihre Nützlich- und Schädlichkeit hervorzuheben, und nachzuweisen gesucht, dass sie wohl der wissenschaftlichen Forschung fähig, aber auch derselben unterworfen ist.

Schliesslich erlaubt sich der Verfasser, Sr. Hochwürden dem Krakauer Oberrabbiner Herrn Simon Schreiber, dem Besitzer des in dieser Schrift citirten Manuskriptes des Rabbi Jonathan Eibenschütz, dafür hier öffentlich zu danken, dass ihm durch seine Güte vergönnt war, in demselben Einsicht zu nehmen.

Der Verfasser.

Die jüdische Geheimlehre (ח"ן d. h. הכמה נסתרה), der man auch den Namen K a b b a l a, Tradition, beilegte, um ihre Jugend zu verbergen und ihr, gleich der wahren uralten Tradition der mündlichen Lehre, einen göttlichen Ursprung zu vindiciren, erlangte in den letzten Jahrhunderten eine grosse Verbreitung, schmuggelte sich in die jüdische Denkungsweise, in das praktische Leben und in die Liturgie ein, ohne jedoch nichts desto weniger hier und da geheime wie öffentliche Gegner zu haben und ohne gleiches Ansehen mit dem Talmud zu geniessen; denn noch immer wird die Norm festgehalten, dass betreffs der casuistischen Fragen ihre Aussprüche in Collisionsfällen, denen des Talmuds weichen müssen.

Einen ganz besondern, grösstentheils nachtheiligen Einfluss aber übte dieselbe seit der letzten Hälfte des siebzehnten Jahrhunderts aus, in welcher Zeit sie sich der besten jüdischen Köpfe, der vorzüglichsten Capacitäten bemächtigt sogar besondere Secten oder Religionsgenossenschaften gebildet hat, von denen diejenigen, die zu sehr ausarteten, offenkundig ein antijüdisches Gepräge annahmen, nicht von langer Dauer. sein konnten, und am gesunden Kern des Judenthums scheiterten. Die Secte des S a b a t t a i Z w i ist unter letzteren die bekannteste. — Die sogenannte chassidische Genossenschaft hängt zwar auch dieser Lehre als einer heiligen,

1

die Seele des Judenthums bildende an, jedoch war —
wie anderswo dargethan werden wird — gedachte Lehre
nicht der eigentliche Factor ihrer Entstehung, ist nicht
die Basis ihrer Gebahrungen, veranlasste auch bei derselben keine wesentliche Uebergriffe, keine Abweichun-
gen vom herkömmlichen orthodoxen Judentume, wesshalb ihr Bestand bis jetzt nicht gefährdet wurde.
Unter den hervorragenden Männern, die sich mit
Leib und Seele gedachter Lehre geweiht, selbe zu legitimiren, zum Systeme zu erheben und zu vertheidigen
suchten, dadurch aber auch gegen sich eine starke Opposition, einen drohenden Sturm heraufbeschwuren, sind
die bekanntesten und epochemachenden, M o s e s C h a j i m
L u z z a t t o, N e c h e m j a s C h a j u n und Rabbi J o n a -
t h a n E i b e n s c h ü t z. Trotzdem aber, dass man diese
Lehre als eine überlieferte, vom Propheten Elias den
Auserkorenen geoffenbarte ausgab, waltet doch zwischen gedachten Männern wie zwischen den kabbalistischen Autoritäten überhaupt, bedeutende Meinungsverschiedenheiten ob, nicht blos in einzelnen untergeordne-
ten Punkten, sondern selbst in den Grundprincipien dieser
Lehre. — Wir gedenken in eine Reihe von Monographien das Interessanteste und Belehrendste der von uns
über das Leben und die Lehre dieser Männer gesammelten Notizen hervorzuheben und erläuternd darzustellen; wir eröffnen den Reigen mit dem letztgenannten
R a b b i J o n a t h a n E i b e n s c h ü t z, als den grössten
und scharfsinnigsten Talmudisten seiner Zeit und als er
unseres Erachtens unter diesen Männern am gründlich-
sten, Kern, Tendenz und Aufgabe dieser Lehre begriffen hat.
Es ist allgemein bekannt, welche Coalition unter den
bedeutenden Rabbinen und Gelehrten jener Zeit in Folge
einiger von ihm geschriebenen oder ertheilten Amulette

sich gegen ihn gebildet hat, an deren Spitze der bekannte
Rabbi Jakob Emden — יעב״ץ genannt — stand, und
welche Anstrengung es Eibenschütz gekostet, sich von
den Verdächtigungen und Verketzerungen rein zu waschen,
zu welchem Behufe er viele andere Gelehrte bewogen
hat, theils für ihn in die Schranken zu treten, theils
vermittelnd und versöhnend einzuschreiten, ohne dass
es ihm dennoch gelungen wäre, alle Gegner aus dem
Felde zu schlagen.

Das eigentliche Motiv dieses so schonungslosen Auf-
tretens und beharrlichen Ankämpfens gegen einen Mann
wie Eibenschütz, dessen strenge Frömmigkeit in allen
jüdischen Observanzen, und vorzügliche Gelehrsamkeit
allgemein anerkannt war, bleibt trotz den in dieser Hinsicht veröffentlichten Druckschriften unerklärlich und räth-
selhaft; es kann dieses um so weniger blos von gedachten
Amuletten veranlasst worden sein, als die darin angeblich versteckt sein sollende Anspielungen auf Sabattai
Zwi durchaus nicht als evident sich herausstellten und
Eibenschütz anderweitige plausible Erklärungen für dieselben angab.

Es fragte sich überhaupt, was denn diese Männer
noch damals von dieser Secte zu befürchten hatten, als
der grösste Theil derselben bereits der jüdischen Religion
factisch abtrünnig wurde und sie als eine schismatische
wohl nicht mehr dem Judentume Schaden zufügen
konnte; noch weniger konnten sie dem Verdacht Raum
geben, Eibenschütz hänge derselben noch an, oder selbst
dieses zugeben, dass er für sie heimlich Propaganda
machen würde, nachdem er selbe öffentlich als eine
ketzerische und fluchwürdige in Bann gethan. Keineswegs aber können wir der von einigen ausgesprochenen
Meinung beipflichten, der ganze Kampf wäre einzig und
allein das Werk des Neides und des Hasses gegen

1 *

Eibenschütz; die Frömmigkeit dieser Männer ist zu bekannt, als dass man auf sie einen solchen schändlichen Verdacht ruhen lassen soll. Allein schon aus einem in der Zeitschrift כרם חמד Theil 3 — leider sehr corrumpirt — abgedruckten Schreiben des Eibenschütz an seinen Gegner den Frankfurter Rabbiner — vulgo פני יהושיע — erhellt, dass Eibenschütz kein blos unschuldiger Amulettenschreiber, vielmehr ein tiefer Denker war, den die eingreifenden und bedenklichsten philosophischen Fragen und Zweifel, die Grundprincipien der Religion betreffend, unablässlich beschäftigten, deren endgiltige Lösung aber er in der Geheimlehre — natürlich nach seiner Auffassung derselben — gefunden zu haben vermeinte, wie auch dass er öffentlich ohne allen Anstand dieses Kund gab und seiner Ueberlegenheit in derartigen Themata sich gegenüber seiner Gegner rühmte. „Was haben Sie," ruft er im gedachten Schreiben dem Rabbi Josua zu, „für eine genügende Antwort auf die gründlichen Einwendungen der Philosophen gegen die Erschaffung der Welt aus Nichts? oder sollte Ihnen etwa die dunkle desfällige Antwort des Rabbi Isaak Lorje hinreichend scheinen? Auf welche Weise erklären Sie die von den Kabbalisten adoptirte Emanationslehre in der Zeit, nach welcher die Gottheit aus dem potentiellen Zustande vor der Emanation in dem actuellen nach derselben treten musste, was aber ein Antropomorphismus, eine wahre Ketzerei wäre? Wie vertheidigen Sie die Behauptung der Geonim, dass man der Gottheit positive Attribute zuschreiben darf gegenüber den evidenten Beweisen des Maimonides, dass ein solches Verfahren dem reinen monotheistischen Glauben schnurstracks zuwider wäre? Welchen Sinn messen Sie den Segenssprüchen und Gebeten bei der absoluten Vollkommenheit und Unveränderlichkeit Gottes bei?"

Diese und noch viele ähnliche theologisch-kabba-
listische Fragen richtet Eibenschütz an seinen Gegner
mit Hinzufügung der ironischen Bemerkung, indem ihm
— dem Josua — das Verständniss dieser so hohen
wichtigen Probleme abgehet, so sollte er, wenn es ihm
um die Grundprincipien der Religion ernst wäre, zu ihm
wallfahrten, um aus seinem Munde dieses zu erlernen,
nicht aber gegen ihn ohne alle Ursache zu kämpfen.
Die Geistesrichtung und kühne Sprache des Eibenschütz, welche sich in diesem Briefe abspiegeln, wären
schon hinreichend genug die Muthmassung hervorzubringen, dass es nicht die Amuletten waren, welche die
Gegner Eibenschützens so sehr in Harnisch jagten, dass
diese vielmehr nur als Vorwand dienen sollten, um dem
Volke schwarz auf weiss gegen ihn zu zeigen, im
Grunde aber es die kabbalistischen Ansichten Eibenschützens, von denen manche ihnen zu Ohren gekommen
sein mögen, die den Gegnern verdächtig und dem Judenthume Unheil drohend vorkamen. Diese Herren waren
wohl, wie bekannt, auch Anhänger der Kabbala, die sie
als eine heilige, göttliche hochachteten; aber eben darum
sollte sie nach ihrer Meinung buchstäblich auf Treue
und Glauben angenommen, nicht aber durch den menschlichen Verstand, noch weniger durch nichtjüdische Philosophie erklärt und begründet werden. Jakob Emden
besonders war der Mann, der gegen derartige Richtungen
am ehesten zu Felde zog; er war ein merkwürdiger
Zelotte, fähig, nicht nur sich selbst sein Vermögen und
seine sociale Stellung, sondern sogar sein Glauben und
Wissen der Erhaltung des streng orthodoxen, herkömmlichen Judenthums zu opfern; selbst mit Geschick phi-
losophirend, war er Feind und Widersacher der Philosophie; an die Wahrheit, Heiligkeit der Kabbala
glaubend, versetzt er ihr den ersten gewaltigen Stoss

durch seine scharfe Kritik des Sohars und anderer kabbalistischen Schriften, um nur die etwaigen Uebergriffe
dieser beiden Wissenschaften zu verhüten.*) Es ist
daher leicht begreiflich, mit welchen verdächtigen Augen
er die Verfahrungsweise des Eibenschütz ansehen musste,
welcher Philosophie und Kabbala vereinigend den Stein
der Weisen gefunden und alle Mysterien der Religion
entdeckt zu haben glaubte; welche Befürchtungen ihm
die Consequenzen eines solchen Systemes einflössten,
um so mehr als Eibenschütz, wie aus obigem Schreiben
erhellt, dasselbe öffentlich, mündlich und schriftlich lehrte.

Obige Muthmassungen aber wurden dem Schreiber
dieses fast zur Gewissheit als ihm ein 200 Folioseiten
starkes Manuscript zu Gesicht kam, in welchem Eibenschütz die Grundprincipien seines kabbalistischen Sys-
stemes entwickelt und darstellt.

Wir geben hier im gedrängten Auszuge die Hauptmomente dieses Werkes, das des Interessanten so vieles
bietet und nicht geringes Licht verbreitet so wohl über
Geist, Aufgabe, Tendenz, Ursprung und Entwickelungs-
geschichte der Kabbala, wie über die Denkungs- und
Verfahrungsweise unseres Eibenschütz; wir wollen aber
nicht blos die sich herausstellenden Resultate, sondern
auch die Methodologie, den Ideengang und die Einklei-

---

*) Auch andere jüdische Gelehrte beobachteten ein solches
Verfahren gegenüber der Kabbala, obwohl sie selbst Kabbalisten
waren; Emden's Vater, der unter den Namen צבי חכם bekannt
ist, eiferte in seinen R. G. A. gegen diejenigen, die in den
Ritualien sich auf kabbalistische Aussprüche stützten, und
nannte sie die Zerstörer der göttlichen Lehre. Der berühmte
Ezechiel Landau, vulgo ביהודה נודע, äusserte ebenfalls solche
Gesinnungen und soll seinen Ethrog Jemanden zum religiösen
Gebrauch verweigert haben, weil derselbe den mit kabbalistischen
Formeln abgefassten רצון יהי gebetet hat.

dung darstellen, was gewiss seiner Eigenthümlichkeit
halber nicht minder von Interesse sein dürfte.

Das ganze Werk ist von einem gewissen Simon,
Sohn des Rabbi Nathan Feitel in Pressburg, im J.
1748 unter dem Titel „Leket Schimoni" (לקט שמעוני) aus 4
Piecen zusammengesetzt, verfasst, oder richtiger, gesam-
melt und geordnet.

Nr. I. enthält ein von Eibenschütz selbst verfasstes
Schem Olam (שם עולם) betiteltes Fragment, nach dem
Muster des „Schomer Emunim" (שומר אמונים) von Ergoss
und „Choker Umekubel" (חקר ומקובל) von Luzatto in
katachetischer Form abgefasst, in welchem die Haupt-
grundzüge der Kabbala vernunftmässig gelehrt werden
soll. *) Jedoch ist dieses Fragment noch weniger als
unvollständig, beschäftigt sich mehr mit der theologischen
als der eigentlich methaphisischen Seite der Kabbala,
wahrscheinlich um ihr durch diese populäre und minder
verdächtige Einleitung mehr Eingang unter den Talmudisten zu verschaffen.

Die erste und Hauptfrage wie Erörterung in demselben ist, welches Bewandtniss es denn mit dem sogenannten unaussprechlichen Namen, dem Tetragrammaton
שם המפורש, יהוה, hat? Womit derselbe sich denn von den
adoptirten zehn anderen Namen שמות שאינן נמחקין unterscheidet und warum eine strenge Geheimhaltung dessel-

---

*) Der gefragte Lehrer macht dem fragenden Schüler ein
Compliment, dass er den Sinn der kabbalistischen Sätze verstehen will, nicht wie ein grosser Theil der Kabbalisten, welche
papageienartig dieselbe hersagen, ohne irgend ein Verständniss
von ihnen zu haben. Dieses Verfahren, meinte Eibenschütz, ist
Schuld daran, dass die vorzüglichsten jüdischen Philosophen, als
Maimonides u. dgl. die Kabbala verachteten, weil sie niemanden
fanden, der im Stande wäre, sie philosophisch zu erklären und
zu legitimiren.

ben geboten wäre? Die Erklärung aber der philosophischen Theologen, das Motiv dieses Verbotes wäre deshalb, weil dieser Namen auf die ewige, unentstandene, nothwendige Existenz der ersten Ursache deutet, braucht kaum der Widerlegung, denn gerade desshalb sollte man ihn eben allgemein bekannt machen, um diese heilige nothwendige Wahrheit überall zu verbreiten? Auch heisst es, dass dieser Namen erst dem Moses bekannt wurde, während doch schon der Patriarch Abraham die Existenz der ersten Ursache gekannt und alle Welt gelehrt hat? Andere behaupten dieser Tetragrammaton wäre der Eigennamen der ersten Ursache und deshalb so heilig und geheimgehalten, allein dieses lässt sich weder nach philosophischer, noch nach kabbalistischer Anschauung rechtfertigen; denn nach ersterer, was bedeutet denn ein Eigennamen überhaupt? Welches wesentliche Moment bildet denn nach philosophischer Denkungsart ein Eigennamen? Ist derselbe doch nicht mehr als eine conventionelle willkührliche Bezeichnung eines Gegenstandes, die mit dem Wesen desselben nicht in mindester Relation stehet?

Die Kabbalisten vindiciren wohl dem Tetragrammaton dadurch eine wesentliche Bedeutung, indem derselbe nach ihrer Behauptung aus solchen geistigen Schemen bestehen soll, die Prototype der zehn Sephiroth bilden. Wie lässt sich aber bei der ersten Ursache, welche, wie bekannt, die absoluteste Einfachheit ist, Schemen, oder Prototype annehmen? Dieses wäre ja ein unverzeihlicher Antropomorphismus.

Eine auf diesen Gegenstand Bezug habende Stelle im Pentateuch (Genesis 4, 26), wo es bei der Geburt des Enoch heisst: אז הוחל לקרא בשם יהוה „damals fing man an zu rufen mit dem Namen יהוה," erheischt eine Erklärung; denn, wie bekannt und in Exodus (6, 3) deutlich ausgedrückt ist: וארא אל אברהם אל יצחק ואל יעקב באל ושמי יהוה לא נודעתי להם שדי „Und ich offenbarte mich zu Abraham, Isaak und Jakob nur mit dem Namen El Schadai, meinen Name יהוה machte ich ihnen nicht bekannt," wurde der Tetragrammaton erst dem Moses offenbart, nach obiger Stelle aber wäre er schon zur Zeit des Enoch gang und gebe? Noch sonderbarer aber ist die Behauptung des Midrasch und Maimonides, dass damals — zu Zeiten des Enoch — der Götzendienst anfing; dann sollte es doch heissen, man fing an zu rufen den Namen der fremden Götter, wenigstens sollte hier der Namen Elohim stehen, der eine gemeinschaftliche Benennung ist für die wahre Gottheit und die politheistischen Götter, nicht aber der rein monotheistische Namen יהוה? Ferner fragt sich auch, worin die Heiligkeit der anderen zehn Gottesnamen עשרה שמות שאינן נמחקין — wenn auch im geringeren Grade als der Tetragrammaton — besteht? Sowohl nach den Philosophen, als Kabbalisten, sollen diese die Benennungen der 10 Intelligenzen (שכלים נבדלים) oder Sephiroth sein. Aber, wie bereits bemerkt, welche Heiligkeit kann denn einer blossen Benennung zukommen? Nach den Kabbalisten wären diese aus Buchstaben zusammengesetzte Namen, Bilder der benannten Sephiroth selbst; allein welcher Causalnexus kann zwischen materiellen Buchstaben und rein geistigen Wesen obwalten?

Es wird dieses Thema mit noch vielen scharfsinnigen Fragen und Witzspielereien fortgesetzt, die wir aber um so füglicher weglassen, als selbe wie das Ganze kein eigentlich wissenschaftliches Interesse bieten und als alle diese, wie die nachfolgenden über andere Gegenstände aufgeworfene Fragen in unserem Fragment unerledigt bleiben. „Man muss, heisst es in demselben, bevor man zur allgemeinen Lösung der Fragen schreitet

diese ganz erschöpfen, damit die Wahrheit der Lösung
sich um so deutlicher herausstellt," Das Fragment bricht
aber in der Mitte ab und die Lösung blieb aus. Dieselben aber finden ihre Erledigung durch das in Nr. 4
aufgestellte Hauptsystem ohne dass sie hier gerade specifisch angeführt wurden.

Wir heben noch einige in diesem Fragment zur
theologischen Hermeneutik gehörenden Fragen hervor,
um, wie gesagt, den Ideengang des Verfassers zu veranschaulichen.

Nach vielen Autoritäten bildet der pentateuchische
Vers אנכי יהוה אלהיך וכו׳ „Ich bin der Ewige dein Gott
u. s. w." das erste Gebot des Decaloges. Nun frägt
sich aber, was Nachmanides (ספר המצות מצוה א׳) schon
rügt, wie wäre es denn möglich, dass das jüdische Volk
nach allen Vorbereitungen und allen Wunderthaten, die
es erlebte, noch an das Dasein Gottes zweifeln konnte,
dass man es nöthig haben sollte, ihnen diese Wahrheit
erst feierlich einzuschärfen? Erstaunenerregend aber
ist die Deutung, welche die Kabbalisten diesem Vers
geben. Sie behaupten nämlich, derselbe beziehe sich auf
den Complex der mittleren 6 Sephiroth.*) Wie? sollte
es nicht die erste Ursache, der Gott Israels sein, der
unsere Vorfahren aus Egypten erlöst, der sich am Berge
Sinai offenbart hat? Sollte dieses alles nur das Werk
geschaffener Wesen, wie die Sephiroth sein? Sollten wir
diesen und nicht dem Schöpfer dienen und anbeten?
Wäre dieses nicht geradezu ein Abfall vom wahren

---

*) Die Kabbalisten theilen nämlich die zehn Sephiroth in
vier Theile ein: 1) כתר ; 2) חכמה, בינה, דעת ; 3) חסד, גבורה
תפארת, נצח, הוד, יסוד ; 4) מלכות . Nr. 3) ist der oben im Texte
erwähnte Complex der sechs Sephiroth. Wir werden weiter unten
die Bedeutung dieser Sephiroth und gedachter Eintheilung beleuchten.

Judenthume? Stünde es nicht mit den Geboten des Decalogs selbst im Widerspruch, nur dem Schöpfer, nicht aber dem Geschöpfe zu dienen? Dieselbe Schwierigkeit und Befremden erregten auch die von Rabbi Isaak Lorje *) statuirten Glossen zur jüdischen Liturgie, in welchen angewiesen wird, an welche Sephira wir dieses oder jenes Gebet richten sollen; heisst das nicht die Gebete an ein anderes Wesen als an Gott richten? — Auch dieses Thema wird hier unerledigt gelassen und zum Schlusse des Fragments eine merkwürdige Midraschstelle angeführt, deren einfacher Wortsinn auffallend ist; es heisst nämlich im Midrasch zur biblischen Stelle? היש יהוה בקרבנו ואם אין „Ob der Ewige unter uns wäre oder nicht?" (Exodus 17, 7) dieses soll bedeuten: אם יודע הוא מה מה אנחנו מהרהרין בלבנו נעבדהו אם לאו לא נעבדהו. Wenn der Ewige unsere Gedanken kennt, werden wir Ihm dienen, kennt Er sie aber nicht, so werden wir Ihm nicht dienen." Ist das nicht sehr sonderbar, dass das jüdische Volk nach allem dem, was es von der göttlichen Vorsehung gesehen und erlebt hat, was ihm die Patriarchen überliefert und was Moses es gelehrt hat, noch an der Allwissenheit Gottes zweifeln sollte? Und was tendirte der Midrasch damit, solche ungläubigen Worte den Juden in den Mund zu legen?

Hier endigt unser Fragment und werden wir unten weiter sehen, welchen Zweck alle diese unbeantworteten Fragen haben, wie sie nur deshalb aufgeworfen wurden, um die auf methaphysisch - mystischem Wege erzielten

---

*) Rabbi Isaak Lorje (lebte von 1534 — 1573) wurde die grösste kabbalistische Autorität, dessen Lehren, als Orakel angesehen wurden. Von ihm oder seinen unmittelbaren Schülern sind Glossen zur sämmtlichen jüdischen Liturgie unter dem Titel כונת האר"י, die bei jedem Gebet die Anweisung geben, zu welcher Sephira oder deren Combination dieses Gebet gerichtet werden soll.

Resultate als in Bibel, Talmud und Midraschim begründet nachzuweisen.

Nr. II. enthält mehrere philosophisch-kabbalistische Fragen des Sammlers Simon an Eibenschütz, von denen wir hier die wichtigsten in möglicher Kürze wiedergeben.

1. Die bekannte Frage, wie der freie menschliche Wille mit der Allwissenheit Gottes zu vereinigen wäre, ובחירה ידיעה. Die menschlichen Handlungen müssen entweder vorher bestimmt sein, oder nicht; im ersten Falle wären sie nicht frei, sondern dem Menschen aufgedrungen; weshalb er für sie nicht verantwortlich gemacht werden konnte, was aber die ganze Moral und den Glauben an göttliche Belohnung und Bestrafung aufheben möchte; im zweiten Falle konnte Gott die Handlungen erst dann wissen, wenn sie geschehen sind, was aber mit der Allwissenheit Gottes wie mit Seiner Unveränderlichkeit unverträglich wäre.

2. Was denn der Zweck und Nutzen aller unserer Gebete wäre, da der göttliche Wille durch selbe sich doch nicht ändern kann?

3. Was für ein Bewandtniss es hat mit dem von den Kabbalisten adoptirten Urwillen Gottes, הקדום רצון, den sie dessen Namen nennen (רצון בגימטריא שמו)? Gott ist doch, wie bekannt, ein absolut einfaches Wesen, das gar kein Attribut hat. Wie kann man Ihm also dem Willen als solches zuschreiben?

4. Möchte Eibenschütz ihm doch das so sehr anstössige Hauptprincip der Kabbala erklären, dass nämlich die 10 Sephiroth im Unendlichen, סוף אין, unsichtbar implicirt waren und erst nach der bekannten Zusammenziehung des Unendlichen in sich selbst, צמצום, *) in die

---

*) Der צמצום ist ein Grundprincip der Kabbala, durch

Erscheinung getreten sind. Dieses alles ist so antropomor-
phitisch, verkörpernd und widersinnig gehalten, dass
eine erläuternde Erklärung unumgänglich nothwendig ist.
5. Die Frage, ob die Sephiroth, wie die ganze sogenannte Emanationswelt, עולם האצילות, ein integrirender Theil
der Gottheit wäre oder nicht, ist von einem Theil der
Kabbalisten bejahend, von den andern verneinend beantwortet worden; gegen beide Meinungen aber erheben
sich folgende Bedenklichkeiten : Sind die Sephirot ein integrirender Theil der Gottheit, so wäre die Gottheit nicht
einfach, sondern eben aus diesen Sephiroth zusammengesetzt, was, wie allgemein bekannt und evident bewiesen,
der Fall nicht sein kann ; sind sie aber kein integrirender Theil, also ungöttliche, geschaffene Wesen, wie
können also die Kabbalisten anweisen, dass man an
sie Gebete und Segensprüche richten soll? Das ist
ja ein förmlicher Götzendienst?

Nr. III. enthält ein Schreiben vom Oheim des
Sammlers, einem gewissen Kabbalisten Chajim Kohn,
dem die kabbalistischen Ansichten des Eibenschütz bekannt wurden, gegen die er in diesem Schreiben mit
allem Eifer auftritt, jedoch ohne hinreichende Sachkennt-
niss und wissenschaftliche Gründe. Seine Hauptpolemik
ist merkwürdiger Weise gegen die Ansicht des Eibenschütz gerichtet, dass die Sephiroth kein integrirender
Theil der Gottheit sind. Wir dispensiren uns um so mehr

welchen die Schöpfung des Universums ermöglicht worden
sein sollte. Es hat nämlich die unendliche Gottheit, die alles
ausfüllte, sich zusammengezogen um einen leeren Raum für
die Sephiroth und das ganze Universum zu machen. Ob und
in wie fern dieser צמצום buchstäblich oder metaphorisch zu
nehmen wäre, ist ein Controvers der Kabbalisten und spielt
auch, wie weiter unten zu ersehen sein wird, eine bedeutende
Rolle in dieser Schrift.

von diesem bedeutungsgeringen Schreiben einen Auszug
zu geben, als es gegen Meinungen des Eibenschütz
polemisirt, die wir noch nicht kennen, und erst in Nr. IV.
niedergelegt sind, wo zugleich dieser Polemik begegnet
wird. Wir kommen also zu dem eigentlichen Haupt-
werke.

Nr. IV. bestehet aus mehreren Briefen von Eibenschütz an den Sammler, in welchen er seine Ansichten
über die Grundprincipien der Kabbala entwickelt, die
dagegen erhobenen Einwendungen widerlegt und seine
Ansichten einerseits mit dem gesunden Menschenver-
stande und der Philosophie, andererseits mit Bibel und
Talmud zu vereinigen sucht. Auf systematische Ordnung
wurde hier weniger regardirt, wie auch nicht überall
ein gleiches Verfahren eingehalten, sondern bald ein
verständig nüchternes, bald ein mystisch-schwärmerisches,
jedoch, manche Prämisse zugegeben, ist die weitere
Entwickelung und Folgerung klar, fasslich, mitunter
auch scharfsinnig.

Bei unserer gedrängten Darstellung des Hauptin-
halts derselben konnten wir uns nicht an die Reihefolge
der Briefe halten, was Weitschweifigkeit, unnütze Wiederholungen und Confussion veranlasst hätte; wir suchten
vielmehr eine logische Ordnung ins Ganze hineinzubringen, ohne jedoch von der strengsten Treue abzu-
weichen, nur das geringste zuzufügen, oder abzuändern,
ja wo es nur irgend thunlich war, bestrebten wir uns
sogar den Ideengang des Verfassers beizubehalten.

Ich will, äusserte Eibenschütz im Anfange des
ersten Briefes, alle streng philosophischen Erörterungen
vorläufig bei Seite lassen und nur dasjenige hervorheben, was auch der schlichte gesunde Menschenverstand nicht bestreiten kann; so z. B. will ich hier die
Behauptung der Philosophen, dass aus dem Unendlichen

und Unbegrenzten kein Endliches und Begrenztes unmittelbar entstehen kann, oder dass die erste Ursache bei ihrer rein geistigen absoluten Einfachheit nicht einzelne körperliche Dinge wahrnehmen kann, in Erwegung ziehen; denn so wahr diese Behauptungen auch sein mögen, so werden sie doch von vielen Theologen bestritten und das Gegentheil angenommen, weil der einfache menschliche Verstand darin kein Widerspruch findet, dass der Unendliche Endliches erschaffen und Einzelnes wahrnehmen soll. Hingegen aber wird Niemand an die Axioma zweifeln, dass das Ganze grösser als ein Theil sein muss, wie auch, dass es keine zwei Unendlichkeiten geben kann, von denen die eine kleiner als die andere wäre, weil Unendlichkeit und Kleiner einen offenbaren Widerspruch in sich selbst enthalten.* Aus diesen zwei unbestreitbaren Prämissen allein folgt schon die Richtigkeit meiner Ansicht, dass die kabbalistische Zusammenziehung, צמצום, nicht in der ersten Ursache selbst stattfinden konnte, wie Ihr Herr Oheim meint. Denn wie ist es nach besagten Axiomen nur möglich, dass die erste unendliche Ursache in sich selbst zurückgezogen und einen leeren Raum gelassen hat, in welchem Falle sie vor der zurückziehung als sie noch alles ausfüllte, grösser sein musste, als nach der erfolgten Zurückziehung und eine grössere und kleinere Unendlichkeit angenommen werden musste, was, wie gesagt, einen Widerspruch in sich selbst enthält? Wäre sie aber vor und nach der Zusammenziehung eine gleiche Grösse, so hiesse das ein Theil wäre dem Ganzen gleich, was wiederum ein Absurdum ist.

Alles also, was die Kabbalisten von der Zusammenziehung, der Sephiroth etc. etc. sprachen, kann nur seine Anwendung in der Erscheinung, durchaus aber nicht in der ersten Ursache selbst haben; eben so wenig ist es denkbar, dass die Sephiroth ein integrirender Theil Gottes wären, was mit Seiner absoluten Einfachheit schnur stracks collidiren möchte.

Welches Bewandtniss es aber mit gedachter Erscheinung hat, wie dieselbe aus der unsichtbaren ersten Ursache hervorgegangen und wie die Sephiroth und mittelst ihnen das ganze Universum entstanden ist, wird der Gegenstand folgender Erörterungen und Beleuchtungen sein.

Wie bekannt gibt es über den Ursprung der Welt drei verschiedene Meinungen:

1. Die der Orthodoxen, welche glauben, dass alles ausser Gott, als Natur, Zeit und Bewegung, von diesem aus dem absoluten Nichts geschaffen wurden, dass daher nichts so urewig ist als Gott.

2. Die der Anhänger Platons, die wohl zugeben, dass alles von Gott geschaffen wäre, jedoch behaupten, die Existenz einer Urmaterie so urewig wie Gott selbst, aus der Er alles bildete, weil aus nichts Nichts werden kann.

3. Die der Aristoteliker, nach denen ausser der Materie auch der Himmel, die Kreisbewegung, wie die Zeit von aller Ewigkeit her bestehen; in der sublunarischen Welt wechseln nur die Formen, kein eigentliches Werden und Vergehen findet hier statt.

Es braucht kaum erwähnt zu werden, dass diese letzten Meinungen, besonders die aristotelischen, mit den Lehren des Judenthums nicht übereinstimmen und den Glauben an die biblischen Wunderthaten, Offenbarung, Prophetie, und selbst an die göttliche Providenz interminiren. Es müssen daher die Gründe und Beweise der letztgenannten Philosophen für die Ewigkeit der Welt beseitigt werden.

Diese Beweise sind zweifacher Art, die einen von der

Natur der Dinge, die zweiten von der Natur Gottes und
der Sache selbst. Erstere betreffend, haben die Aristoteliker z. B. nachgewiesen, dass jede Bewegung eine Veränderung ist, folglich ein Etwas voraussetzt, das sich
verändert, daher keine Bewegung aus Nichts entstehen
kann, wie auch, dass in der Natur kein absolutes Werden und Vergehen wahrgenommen wird, weshalb eine
beständige Materie immer da sein musste. Diese und
ähnliche aus der Natur genommenen Beweise haben die
philosophischen Theologen ganz richtig dadurch ent-
kräftet, dass wir nämlich nicht berechtigt sind, von der
jetzt existirenden Weltnatur Rückschlüsse auf die ihrer
ersten Entstehung zu machen und die Materie, die jetzt wohl
die Trägerin der wechselnden Formen ist, wie auch die
erste Bewegung, durch Gott aus Nichts hervorgerufen
worden sein kann. Hingegen bieten die Beweise zwei-
ter Art mehr Schwierigkeiten. Folgende sind die von
der aristotelischen Schule aufgestellten:

a) Hat Gott existirt vor der Erschaffung der Welt,
so musste in Ihm durch diese Erschaffung ein Uebergang von der Möglichkeit zur Wirklichkeit stattgefunden haben, was nach evidenten Beweisen bei Gott der
Fall nicht sein kann.

b) Das Wirken in einer bestimmten Zeit kann
nur aus äusseren Umständen oder durch Willensveränderung des Wirkenden veranlasst werden; beide aber
können selbstverständlich bei Gott nicht stattfinden, weshalb sein Wirken ein ewiges, nicht zeitliches sein muss.

c) Die existirende Welt ist vollkommen nach der
Weisheit Gottes. Da die göttliche Weisheit mit seinem
Wesen identisch und folglich unveränderlich ist, so kann
es keine Zeit gegeben haben, in der die Welt nicht
existirte.

d) Die Existenz der Welt muss entweder unmög-

lich, oder möglich, oder nothwendig sein: wäre sie unmöglich, so könnte sie nicht existiren, wäre sie blos
möglich, so musste ihre wie jede Möglichkeit irgend
einen Träger (dieser Möglichkeit) haben, was aber, wenn
sie aus Nichts geschaffen wäre, der Fall nicht sein kann,
indem das absolute Nichts keinen Träger abgibt; folglich muss sie nothwendig, d. h. urewig sein.*) Alle diese
Fragen löst die kabbalistische Lehre, die inspirirt, wohl
keine philosophischen Demonstrationen benöthigt, keineswegs aber mit den erwiesenen Resultaten der Vernunft
collidiren darf. In Folgendem werden die Hauptlehren
derselben genetisch entwickelt und systematisch dargestellt.

Schon die Philosophen haben von Gott die Behauptung ausgesprochen, dass bei Ihm Denkendes, Denken und das Gedachte absolut vereinigt ist, welche
Behauptung Maimonides (More I., 68) dahin erklärt und
erweitert, dass dieses eigentlich theilweise auch bei dem
Menschen der Fall sei, was er auf folgende schlagende Weise
demonstrirt: Der menschliche Geist ist an und für sich
nur potentiell ein denkendes Wesen, erst wenn er wirklich über einen Gegenstand denkt, wird er es auch actuell,
dann aber ist er ja nicht etwas anderes als das Denken,
zugleich aber auch das Gedachte selbst, weil eben dieses macht und füllt den ganzen Stoff des Denkens aus;
wenn z. B. ein Mensch über ein Haus oder einen Baum

---

*) Die Quelle dieser Erörterungen ist, ausser in den Geschich-
ten der aristotelischen, respective arabischen Philosophie,
hauptsächlich in Maimonides More Nebuchim T. II., in den
einleitenden 25 Prämissen und in den Abschnitten 13—23,
auf welche wir, wie unser Manuscript, zum besseren Verständniss
verweisen. Vergleiche auch die vortreffliche Monographie:
Die Religionsphilosophie des Moses b. Maimon von Dr. Joel.

denkt, d. h. wenn er die F o r m eines Hauses oder
Baumes abstrahirt (das Materielle derselben ist kein
Gegenstand des Denkens, sondern der Anschauung), so
ist die Abstraction eben das Denken, das Gedachte, und
wie gesagt, auch nicht etwas anders, als das (actuell)
Denkende. Nur wenn der Mensch nicht denkt, blos der
Möglichkeit nach Denker ist, dann ist er vom Denken
und Gedachten getrennt, während bei Gott, der immer
actuell Denker ist, auch obige drei Momente immer
identisch sind.

Die Kabbalisten adoptirten diesen philosophischen
Satz seiner ganzen Ausdehnung nach, gingen aber noch
einen Schritt weiter, indem sie in dieser Hinsicht noch
einen wesentlichen Unterschied zwischen Gottes- und des
Menschen Denken statuiren. Beim Menschen nämlich
bleibt das Gedachte ein Abstractum, die a b g e z o g e n e
Form eines Dinges, hat nur eine subjective Existenz im
menschlichen Geiste, nicht aber eine objective ausserhalb
desselben, während beim göttlichen Denken das Gedachte gleichzeitig eine geistig concrete Existenz gewinnt; selbst die blosse Form bildet hier ein, natürlich
rein geistiges, einfaches, unbegrenztes, aber doch concretes Moment, weil bei der ersten Ursache der Unterschied zwischen Subject und Object nicht stattfindet,
und kein Abstractum anzunehmen ist. Dieses Moment
ist die a l l e r e r s t e W i r k u n g der ersten Ursache
(עלול הראשון מסבה הראשונה), emanirt unmittelbar aus der mit
Gott identischen Weisheit (dessen Denken), ist daher auch
so u r e w i g wie diese, ihr nur dem Grade, nicht aber
der Zeit nach inferiör, und wird von den Kabbalisten
„der Urwille,‟ רצון הקדום, genannt, durch den alles entstanden ist und immerwährend geordnet wird.

Diese Benennung wurde ein Gegenstand der Controverse und erheischt daher eine besondere Erklärung;

2 *

es wurde nämlich gegen diese Benennung ein Einwand
erhoben, wie man der ersten Ursache einen Willen zuschreiben kann, denn erstens bildet dieses ein positives
Attribut und muss, wie Maimonides evident bewiesen
hat, als solches von der ersten Ursache entfernt werden;
zweitens wäre doch jeder Wille von etwas Aeusserem
oder Innerem bestimmt, was wiederum bei der ersten
Ursache ihrer Unveränderlichkeit und Einfachheit halber
nicht stattfinden kann, weshalb die alten Kabbalisten der
ersten Ursache ausdrücklich einen Willen abgesprochen
haben. *)

Allein soll die Benennung „Wille" hier nur eine
Negation ausdrücken, dass das Universum nicht, wie
manche Philosophen behaupten wollen, zufällig, absichts-
los von der ersten Ursache wie der Schatten vom Lichte
entstanden, sondern durch die Absicht, oder richtiger,
durch die Weisheit der ersten Ursache. Wille ist hier
synonim mit Plan, Ein- und Absicht, kurz mit der eben
erwähnten allerersten Wirkung der ersten Ursache, auf
deren ausführliche Definition noch zurückgekommen
werden wird.

Die Kabbalisten stimmen demnach insofern mit Plato
überein, **) dessen Meinung bedeutende jüdische Autori-

---

*) So heisst es im Buche אלומה im Namen des Kabba-
listen Rabbi Esriel: רע כי אין סוף אין לומר בו לא רצון ולא חפץ,,
לא כונה ולא מחשבה אע"פי שאין היץ ממנו אין לומר בו שום דבר
שיראה ממנו שהוא מוגבל כי כל מוגבל משתנה ואין אצלו יתבר'
לא שינוי ולא חידוש ולא הילוף."

**) Plato, heisst es in unserem Manuscript, war nach
dem Zeugniss des Abarbanel im (מפעלות אלהים) ein Schüler
des Propheten Jeremias, weshalb er in seinen Thesen der
Wahrheit näher gekommen; dass aber zwei Jahrhunderte
zwischen Jeremias und Plato verstrichen, scheint unser Verfasser entweder nicht gewusst zu haben, oder ingnoriren
zu wollen.

täten, wie. Gersonides (רלב״ג) und Narbone*) (ר' משה נרבוני)
theilten, dass die erste Ursache das Universum nicht
aus Nichts geschaffen, sondern aus etwas gleich ihr
Urewiges, allein, nicht wie Plato behauptet, aus der Urmaterie, die gar nicht existirte, weil die Materie selbst
erschaffen wurde, sondern eben aus diesem gedachten
Urwillen.

Es muss aber das Wesen dieser allerersten Wirkung
näher definirt und die Momente, die ihren Inhalt aus-
füllen, wodurch sie ein concretes Wesen ausmacht, deutlicher auseinander gesetzt werden, weil wir von der
ersten Ursache nur sehr wenig wissen, nur annäherungsweise, grösstentheils nur in negativer Hinsicht sprechen
können, und nur in der ersten Wirkung erschliesst
sich uns der Schatz aller Erkenntniss in theoretischer
wie in praktischer Beziehung; denn in derselben keimt
schon, wie wir weiter unten sehen werden, das uner-
messliche, uuendliche All mit allen seinen Mannigfaltigkeiten, alles Beständige und alfes Wechselnde in ihm.
In Bezug auf uns (בבחינת הברואים) ist die erste Ursache
das unerkennbare Wesen, die erste Wirkung aber,
die, die Erkenntniss möglich machende Erscheinung.
Deshalb wird diese auch von den Kabbalisten das unendliche Licht, אור אין סוף, genannt.

Die erste nothwendige und urewig existirende Ursache
ist, wie bekannt, die allervollkommenste, unendliche, alles
umfassende und immerwährend actuell denkende
Weisheit. — Von ihr können wir kaum annäherungsweise sprechen. — Das von ihr ebenso urewig, und,

---

*) Eibenschütz hebt merkwürdiger Weise die Bedeu-
tung dieser zwei Männer besonders hervor, als Koryphäen
sowohl im talmudischen Fache, als in der Weltweisheit. Wie
bekannt, werden gerade die Ansichten dieser Männer in der
jüdischen Welt für nicht sehr orthodox gehalten.

wie bereits erörtert, mit ihr idendifiicrte G e d a c h t e ist
gleichsam der Plan, der Entwurf des Universums in
seiner ganzen räumlichen und zeitlichen Existenz und
Erhaltung, d. h. dieser Entwurf enthält nicht nur blos
den Grundriss der C o n s t r u c t i o n der intellectuellen
und materiellen Welt, sondern auch der Zeitbestimmung
ihres Werdens, der dazu und in ihr waltenden Kräfte,
der Ordnung, Regelung derselben, wie der in ihr, nach
gewissen Normen und Zeitabschnitten entstehen sollenden
Ereignisse, Wechselfälle, s c h e i n b a r e Abarten, Vergehungen und Entstehungen.

Zur besseren Verdeutlichung des Gesagten sei es
erlaubt, sich eines, freilich unvollständigen Bei-
spiels zu bedienen, wie es die Kabbalisten oft
zu machen pflegen, rein geistige Dinge durch sinnliche Beispiele dem Verständniss näher zu bringen, mit
dem ausdrücklichen Vorbehalte, dass das Beispiel der
Sache selbst nur sehr wenig entsprechen kann:

Wie ein geschickter Architekt, wenn er den Plan
eines Gebäudes entwirft, nicht nur die gegenwärtige
Construction desselben, sondern auch alle Eventualitäten
berücksichtigt, welche Reparaturen, Modificationen, Abtra-
gen und Zubauen erheischen werden, so involvirt auch
der urerste Weltplan alles, was nach der unermesslichen
und unerforschlichen Weisheit in derselben vorgehen
soll; er involvirt die ganze Geschichte des Universums
für alle Zeiten, freilich in unvergleichlich vollkomme-
nerem Maasse als es je bei einem Architekten selbst ver-
hältnissmässig der Fall sein kann, und mit dem bereits
oben statuirten wesentlichen Unterschiede, dass hier der
Plan, nicht wie der blos im Kopfe des Architekten oder
auf das Papier gebrachte Entwurf ein Abstractum wäre,
sondern schon sogleich ein inhaltvolles Concretium wird.

Obwohl urewig mit der ersten Ursache identificirt,

keimt doch in diesem Gedachten, wenn auch in tiefster Verborgenheit und Umhüllung, als Wirkung der Grund der entstehen sollenden Verschiedenheiten, Begrenzungen, Manifestationen und waltenden Kräfte, durch welche die Weltschöpfung zur bestimmten Zeit erfolgte. Weiter unten wird über die Beschaffenheit derselben, wie über die Art und Weise ihres Wirkens nach kabbalistischer Anschauung ausführlich gesprochen werden.

Durch die Statuirung gedachter ersten Wirkung oder den Urwillen (רצון הקדום) sind alle die früher angeführten Einwendungen der Philosophen gegen die Erschaffung der Welt auf folgende Weise beseitigt:

Ad a. Ist durch die Erschaffung der Welt nicht in der ersten Ursache, sondern in der ersten Wirkung der Uebergang von der Möglichkeit zur Wirklichkeit entstanden; die erste Ursache aber blieb sich nach wie vor gleich und unverändert.

Ad b. Die Welterschaffung zur bestimmten Zeit lag weder in den äusseren Umständen noch in einer Willensänderung, sondern, wie oben auseinandergesetzt, in dem urewigen Weltplane, der sich eben nicht geändert, vielmehr seine Urbestimmung verwirklicht hat.

Ad c. Zur vollkommenen Einrichtung der Welt nach der vollkommensten Urweisheit gehört eben die im Urweltplane stipulirte Zeitbestimmung ihrer Entstehung.

Ad d. Ist eben das Gedachte der Urwille, Träger der Existenz - Möglichkeit des Universums, nicht aber, dass dieses eine nothwendige Existenz in sich birgt.

Auch andere nicht minder wichtige philosophische Probleme werden durch obige Statuirung gelöst:

Es wurde nämlich gegen den Glauben an die göttliche Providenz und das göttliche Wissen, besonders von den Einzelndingen, als den Weltereignissen, menschlichen Handlungen u. d. gl., von philosophischer Seite viele und gewichtige Einwendungen erhoben, welche den Rechtgläubigen viel zu schaffen machen; folgende sind die bedeutendsten dieser Art:

a) Ein jedes Ereigniss wie eine jede Handlung bringt ein neues Wissen, also eine Veränderung im Wissenden hervor; wie lässt sich also bei der Unveränderlichkeit Gottes dessen Wissen ermöglichen? Ebenso

b) ist es unerklärlich, wie das ungetheilte, strengeinheitliche, einfache Wissen Gottes die mannigfaltigsten, sogar heterogensten Dinge und Ereignisse, die gleichzeitig in der Welt vorgehen, erfassen kann.

c) Auf welche Weise kann Gott das erst Einzutretende wissen, da Wissen und Gewusstes Eins ist, letzteres daher schon gegenwärtig sein muss? Die Prophetie kommt von Aussen (von Gott) her, was natürlich bei Gott selbst nicht anwendbar ist.

d) In jedem Wissen liegt eine Bestimmung, eine gewisse Begrenzung des Gewussten; auf welche Weise können also die unendlichen Einzeldinge gewusst werden?

e) Wie kann das göttliche, von Zeit und Raum unbeschränkte Allwissen mit der menschlichen Freiheit vereinigt werden? Das Urwissen Gottes macht ja die nachherigen menschlichen Handlungen zur Nothwendigkeit? Die Freiheit der menschlichen Handlungen aber ist doch die Basis aller Moral wie der wahren Religion.

f) Wie verträgt sich die göttliche Providenz mit den vielen unleugbaren Weltübeln?

g) Welcher Nexus kann zwischen der absoluten Einheit und Geistigkeit und den einzelnen wie materiellen Dingen stattfinden? Das Wissen Gottes aber von den letzteren kann doch nur durch einen solchen Nexus geschehen?

Maimonides löste zwar die letzte Frage dadurch,

dass er die göttliche Provindenz und das göttliche
Wissen bei allem Sublunarischen, ausser dem Menschen,
auf die Gattung beschränkt; die Gattung aber bildet
die Form der Dinge, ist daher etwas Allgemeines, Geistiges; nur beim Menschen kann die göttliche Providenz
auch über das Individuum obwalten, weil diese sich auch
vergeistigen können.*)

Diese Lösung aber ist schon deshalb nicht genügend,
weil nach derselben ein grosser Theil der Menschheit,
die sich nicht oder nur sehr wenig vergeistigt, von der
Providenz ganz oder grösstentheils ausgeschlossen wäre,
wogegen sich jedes gläubige Gemüth mit Recht sträubt.

Gegen alle anderen oben angeführten Fragen hat
Maimonides ein Universalmittel, nämlich, dass Gottes
Wissen nicht dem unserigen gleicht und wir vom letztern nicht auf erstern schliessen können. Allein diese
Antwort ist nichts weniger als philosophisch und stimmt
sogar mit Maimonides eigenen Behauptungen nicht überein; denn auf diese Weise liesse sich ja auch Gott positive Attribute vindiciren, und zwar durch die Annahme,
dass Gottes Attribute nicht den menschlichen gleichen
und daher keine Mehrheit verursachen. Und doch verpönt Maimonides solche durchaus.

Nach den ausführlichen Erörterungen weiter unten
wird sich herausstellen, wie die Kabbala alle obigen
Fragen ihrem Systeme nach vernunftgemäss löset und
die Providenz über alle Einzelnwesen rechtfertigt. Hier
nur die Bemerkung, dass die Kabbalisten insofern mit
den Philosophen übereinstimmen, dass sie die Providenz
wie das Wissen der Einzelndinge von der ersten Ursache
ausschliessen, dieselben nur der ersten Wirkung oder dem

---

*) Siehe hierüber Maimonides, More Nebuchim Tom. III.
Abschnitt 17. ff.

Urwillen auf die weiter auseinander zu setzende Weise zuschreiben.

Dieser Urwille, der, wie bereits erörtert, den Plan des Universums in seiner ganzen räumlichen und zeitlichen Unendlichkeit enthält, bildet schon deshalb e o ipso die Vorsehung, und besitzt die Omniscienz von allen unendlichen Einzelnheiten. Wohl ist die erste Ursache die einzige Quelle alles Wissens und Leitens des Urwillens, der sich nach ihrer Weisheit (d. h. nach ihr selbst, weil sie und ihre Weisheit Eins ist) richtet; aber dieselbe ist es nur auf die allgemeinste, einheitlichste Weise. Alle Vorgänge, alle Einzelnheiten bringen bei ihr keine Veränderung, keine Vielheit hervor, weil sie mit demselben in gar keine unmittelbare Berührung kommt. Die erste Ursache ist gleichsam — wenn man sich so ausdrücken darf — die gesetzgebende, die erste Wirkung, die vollstreckende Gewalt. Deshalb beschränkt die Omniscienz der ersten Ursache die menschliche Freiheit nicht, weil erstere, wie gesagt, sich nicht auf das Einzelne ausdehnt, die der ersten Wirkung aber, ist nur eine hypothetische, eine conditionelle und lässt dem menschlichen Willen den freien Lauf.

Auch hier wird es erlaubt sein, das Gesagte durch ein, freilich nur annäherungsweise entsprechendes Beispiel dem allgemeinen Verständnisse näher zu bringen.*) Das Kriegsministerium z. B. vertraut dem Oberbefehlshaber, besonders in Kriegszeiten, eine gewisse Summe an zur Verwendung in allen nur erdenklichen Fällen, in Krankheiten, Verwundungen, Verstümmlungen, wie

---

*) Diese eigenthümliche Methode, philosophische Themata durch ganz sinnliche Beispiele zu erklären, findet sich nicht selten sowohl in den homiletischen als kabbalistischen Schriften vor; selbst im Talmud und Midraschim findet sich hie und da ein derartiges Verfahren.

zur Aufmunterung der Lauen, zur Belohnung der Tapfern
in allen Militärsgraden, nach Verhältniss des Ver-
dienstes, des Einflusses und des Bedarfs eines jeden
Einzelnen. Das Ministerium besitzt also die vollkom-
mene Kenntniss und das Vorauswissen aller gedachten
Eventualitäten und den dazu nöthigen Fond im Allgemeinen; der Oberfeldherr aber, im Geiste, Sinne
und nach der Vorschrift des Ministeriums handelnd,
muss einerseits von vorn herein von allen präsumtiven
einzelnen Ereignissen wie von der individuellen Natur und
dem Bedürfnisse einer jeden Person genaues Wissen
haben, um darnach alle seine Einrichtungen im Voraus
zu treffen, andererseits aber den Lauf der Dinge und
das Verhalten der Individuen stets beobachten, um bei
eintretendem Wechsel in der Situation oder in der Natur
und dem Verfahren der Personen seine Einrichtungen
dann entsprechend abzuändern, Alles aber, wie gesagt,
nach dem allgemein ausgesprochenen Willen und ursprünglich festgesetzter Norm des Kriegsministeriums.
Die ganze Manipulation ist das Werk des Oberfeld-
herrn, der Geist aber, der dieselbe leitet, geht vom Ministerium aus. — Analog diesem, natürlich in ganz verschiedener Art, empfängt der Urwille von der ersten Ursache
nach einer urewigen, allgemeinen, unabänderlichen Norm
den ganzen Fond des Lebens, des Daseins für alles zu
existirende, dessen Vertheilung, gedachter Norm gemäss,
nach der jedesmaligen Situation und dem grössern oder
geringern Werth oder Unwerth der Empfänger ihm —
d. h. dem Urwillen — obliegt. Die von der allervollkommensten Weisheit der ersten Ursache stipulirte Norm
bleibt ewig eine und dieselbe, und nur derselben entsprechend gehen alle Veränderungen, zufolge der Wechselfälle der Welt und dem freien Willen des Menschen
mittelst der ersten Wirkung oder dem Urwillen vor.

So lehrten schon unsere Weisen: „Alles ist weislich vor-
ausgedacht, der menschliche Wille aber freigegeben.“
הכל צפוי והרשות נתונה (Aboth, Abschnitt III.). Dieses Thema
wird weiter unten bei Erörterung mancher speciell theologischen Fragen mehr ins Einzelne eingehend besprochen
werden; vorerst aber muss einer, gegen alles oben Gesagte
sich stürmisch erhebende Opposition, begegnet werden.
Es erblickt nämlich eine gewisse Partei Kabbalisten in obiger Statuirung nichts geringeres als eine
Herabwürdigung der ersten Ursache, indem diese Statuirung ihr weit weniger Willensfreiheit, Wissen und Thätigkeit zuschreibt, als dem ersten besten Menschen; denn
während dieser jeden Augenblick seinen Willen und
seine Handlungen ändern, ein Wissen von allen ihn
umgebenden Dingen erlangen und auf viele einwirken
kann, soll die erste Ursache von ihrem Urwillen nicht
abweichen, von den Einzelndingen nichts wissen, und ihre
Wirkung nur auf das Allgemeine, Abstracte, nicht aber
auf das Individuelle ausdehnen können. Dieser Einwendung
muss mit den Worten des Weisen geantwortet werden כי לא
מחכמה שאלת על זה: „Nicht aus Wissenschaftlichkeit stellst
du diese Frage,“ nur die Unwissenheit glaubt dadurch die
Gottheit zu verherrlichen, dass sie ihr alle mögliche
Eigenschaften zuschreibt, die Wissenschaft aber ist wähle-
risch und hütet sich derselben Dinge anzudichten, welche
mit deren Erhabenheit collidiren; nicht die obige Statuirung, sondern die entgegengesetzte Behauptung ist eine
Herabwürdigung, eine Verkennung der wahren Idee
der ersten Ursache.

Wohl kann und muss der Mensch, dessen Wille
von äusseren und inneren Verhältnissen und Zuständen
bestimmt wird, diesen eben nach dem Wechsel dieser Verhältnisse und Zustände ändern, dahingegen der Wille der
ersten Ursache, der nicht von etwas anderem ausser sich

selbst veranlasst und beeinflusst wird und mit der allervollkommensten Weisheit identisch ist, eo ipso unveränderlich bleiben muss, indem eben die allervollkommenste Weisheit keinem Wechsel unterliegt; der ersten
Ursache zuzumuthen, sie solle ihren Willen ändern, hiesse
so viel, als sie solle nicht mehr W e i s e s sondern U n w e i s e s
wollen. Ebenso ist es eine Verkennung des Wesens und
der Natur einer absoluten Einheit und · Geistigkeit von
derselben zu verlangen, sie solle materielle Einzelnheiten
in sich aufnehmen, d. h. die Dinge a posteriori erkennen, die a priorirische Erkenntniss aber kann
natürlich nur auf die Form, d. h. die Gattung, auf das
Allgemeine Bezug haben. Es sind, sagt Maimonides, alle
Philosophen darin übereinstimmend, dass es gewisse absolute Unmöglichkeiten gibt, die Gott selbst nicht ändern kann, (More Nebuchim T. III., 15). יש לנמנע טבע קיים.
Eben so wenig daher wie die erste Ursache sich in einen
Körper verwandeln kann, eben so wenig kann sie Un-
weises wollen oder unweise handeln, ebenso wenig kann
sie die Einzelndinge, als s o l c h e, in sich aufnehmen,
was geradezu eine Verkörperung hiesse. *)
    Dieses ist bei allen Philosophen eine ausgemachte,
keinem Zweifel unterliegende Wahrheit. Indem aber denselben — den Philosophen nämlich — die Existenz,

---

*) Unser Manuscript bringt hier folgende Anekdote
an : Jemand fragte einen Philosophen: Kann Gott sich in
einen Körper verwandeln? Nein, antwortete der Philosoph.
Darauf jener : Kann Gott alles machen, was er will? Ja
wohl, sagte der Philosoph. Nun, entgegnete jener, so wider-
sprichst Du dich selbst, wenn Gott alles machen kann, was
er will, warum soll er sich nicht auch in einen Körper
verwandeln können? Gott kann, sagte der Philosoph, alles, was E r will, nicht aber, was Du willst. Gott kann eine
solche Dummheit wie du, nicht wollen, nämlich, sich ver-
körpern.

Beschaffenheit, Bedeutung der ersten Wirkung, nicht wie den Kabbalisten tradirt, und folglich nicht bekannt worden, verfielen sie einem grossen Irrthume und kamen von der Charybdis in die Scylla; sie haben nämlich den Antropomorphismus ausgewichen, dagegen aber geleugnet an der göttlichen Vorsehung, die, wie bekannt, der Grundpfeiler aller Religionen ist. Nur nach der den Kabbalisten geoffenbarten Statuirung der ersten Wirkung des Urwillens wird jene Klippe glücklich umgangen, von der ersten Ursache jeder Antropomorphismus entfernt, und doch eine mittelst des Urwillens über Alles obwaltende Providenz beibehalten, wie aus obigen Erörterungen erhellt. —

Das bisher Gesagte ist die Quintessenz der rein methaphisischen Momente gedachter Briefe, von der wir zum kabbalistisch-theologischen Theile übergehen. Hier stellen sich einer fasslichen Darstellung, wie wir sie bis jetzt versucht haben, die grössten Schwierigkeiten entgegen, denn hier verlässt unser System, wie dieses bei allem Mystischen der Fall ist und nicht anders sein kann, allmälig das Reich des Lichtvollen, Verständigen, um in das des Nebelhaften hinüberzustreifen, mehr poetisirt als erklärt, mehr zur Phantasie als zum Verstand spricht, weshalb der Zusammenhang gelockert und die Resultate, selbst die Prämissen zugegeben, die streng logische Consequenz entbehren; ausserdem musste die abschreckende kabbalistische Terminologie überwunden, der angehäufte Apparat von Citaten aus dem rabbinischen und kabbalistischen Schriftenthum gesichtet und geniessbar gemacht werden.

Dagegen enthält gerade dieser Theil der Erörterungen das eigentlich Charakteristische und Eigenthümliche des kabbalistischen, respective Eibenschütz'schen Systemes, indem hier die fremden, allgemein gehaltenen

Bestandtheile in Hintergrund treten und das Ganze ein
specifisch-jüdisches Colorit annimmt, oder wenigstens
solches anzunehmen vermeint. Wir werden daher suchen,
in dieses Chaos womöglich Ordnung und Licht hineinzubringen, um es dem Leser zugänglich zu machen, freilich in gedrängter Kürze, nur das Wesentlichste und
Interessanteste gebend.

Wie bereits angedeutet, benennen die Kabbalisten
die erste Wirkung (oder das von der ersten Ursache
Gedachte) zuweilen Urwille, רצון הקדום, zuweilen unendliches Licht, אור אין סוף, je nach dem Gesichtspunkte, aus
welchem selbe betrachtet wird. In ihrer Beziehung zur
ersten Ursache wird sie „der Urwille" genannt, den
Urwillen derselben bildend; in der Beziehung zu uns,
d. h. zu allem Geschaffenen, heisst sie „das unendliche
Licht," weil sie analog dem Lichte die Sichtbarwerdung
des Alls ermöglicht und veranlasst.

Wie bereits oben bemerkt wurde, können und
dürfen wir von der ersten Ursache gar nicht sprechen,
fasst eben so wenig von dem Urwillen als solchen,
d. h. in seiner Beziehung zur ersten Ursache, nur in
Bezug seiner zweiten Eigenschaft als unendliches Licht
ist die Forschung und Besprechung gestattet und möglich. Dieser Dualismus stellt sich auch beim Tetragrammaton heraus, der anders geschrieben und anders gelesen
werden soll (לא כשאני נכתב אני נקרא). Das Geschriebene
deutet auf die Beziehung zur ersten Ursache, als- Urwille, שמו בגימטריא רצון, ist daher unaussprechlich nur
auf's blosse Dasein zeigend היה, הוה, ויהיה, während das
Gelesene אדני, „der Herr," die Beziehung zum Geschaffenen, das unendliche Licht אור אין סוף bezeichnet,
und daher ausgesprochen und erforscht wird*).

---

*) Schon bei Philo finden wir diese Doppelbedeutung des

Mittelst dieses unendlichen Lichtes ist, wie oben dargethan, der Act der Schöpfung bewerkstelligt worden; dieser Act aber ist ein Sprung, d. h. kein gradueller Uebergang; denn wie können aus der absolut einfachen, unendlichen, bestimmungslosen, der ersten Ursache unmittelbaren und mit derselben identificirten ersten Wirkung, endliche, bestimmte, zusammengesetzte Wesen, wie sie im Universum existiren, hervorgehen? Dieser Sprung ist eben die sogenannte Zusammenziehung צמצום, die aller Schöpfung vorangehen musste, um sie möglich zu machen. Die Erscheinung — das Phönomen — ist nämlich eine Beschränkung (Zusammenziehung) der ursprünglichen Unendlichkeit, die an und für sich genommen, als Unbestimmtes unerscheinbar, weil das Unbestimmte unsichtbar und unfassbar ist. Um erscheinbar zu werden, musste ein endliches Moment in die Unendlichkeit selbst hereingebracht, d. h. die unendliche Totalität musste, sich gleichsam in Mannigfaltigkeiten entfaltend, eben in diesen einzeln genommen erschein- und sichtbar werden. Dieses drückte die Kabbala metaphorisch folgendermassen aus: Die Unendlichkeit hat sich zusammengezogen (beschränkt), um der Welt (der Erscheinung) einen leeren Raum (wo die Unendlichkeit, oder richtiger die Unfassbarkeit derselben so zu sagen aufhört) zu lassen*). Der Grund dieser Zusammen-

---

Tetragrammaton Δεός und κύριος, die erste, nämlich Δεός bezeichnet „Gott" an und für sich; die zweite, κύριος „Herr," seine Beziehung zur Welt.

*) Die Kabbalisten haben auch hier zur bessern Verständigung des צמצום sich eines, wie sie selbst sagen, unvollständig entsprechenden Beispieles bedient: Wie ein Gelehrter nämlich, der seine Ideen demjenigen beibringen will, der die ganze Tiefe derselben aufzufassen nicht im Stande ist, um ihm solche doch einigermassen begreiflich zu machen, seine Zuflucht oft zu einem sinnlichen Beispiele

ziehung liegt nach Obigem in dem urewigen, in der
ersten Ursache selbst begründeten Weltplane, indem
zum Begriffe der Welt die Erscheinung durchaus gehört und daher ermöglicht werden musste.

Dieses in der ersten Ursache selbst begründete
Moment ist der Hervorbringer und immerwährende Erhalter der Erscheinungswelt, und wird von den Kabbalisten „Linie“ (קו) benannt, die sich durch das ganze
Universum durchzieht, demselben sein Dasein gebend,
und überall und unaufhörlich Leben, Licht, Activität,
Entwickelung, mit einem Worte, Göttlichkeit spendend.
Von ihr heisst es in der Schrift: „Dein (schaffendes)
Wort steht immer und ewig im Himmel“, (לעולם יהוה
דברך נצב בשמים) und auf sie bezieht sich der allgemein
bekannte Ausspruch der Theologen und Philosophen,
dass, könnte man denken, die Gottheit würde je ihr
Schöpfungsprincip zurückziehen, so wäre gleichzeitig
das ganze Universum aufgehoben, die ganze Welt der
Erscheinung in ihr urspüngliches Nichts zurückge-
kehrt. **)

---

nimmt, obwohl dieses nur einen schwachen, zum Theil ent-
stellten Reflex seiner eigentlichen Idee ausdrücken kann. Der
Gelehrte beschränkt also seinen Gedanken, versinnlicht ihn
gleichsam, jedoch nur in Bezug auf sein Auditorium, denn
bei ihm selbst bleibt natürlich seine Uridee in aller Kraft
und Reinheit. Diesem analog wurde die urewige, unbestimmte
Kraft der ersten Wirkung gleichsam beschränkt, um fassbar
zu werden, jedoch nur in Bezug auf die Schöpfung, an und
für sich aber bleibt diese Kraft unbeschränkt und unge-
schwächt.

**) Der von den Kabbalisten gewählte Name „Linie“
קו hat folgende Bedeutung: Wie bekannt, sind der mathematische Punkt und die mathematische Linie nur abstracte,
nicht materiell zu realisirende Begriffe, indem dem erstern
die Länge und Breite, der letztern die Breite allein fehlt,

Auf welche Weise dieser Sprung geschah, kann
um so weniger der Gegenstand einer Untersuchung und
Besprechung sein, als derselbe das Werk der urewigen
Weisheit der ersten Ursache, oder richtiger der ersten
Ursache selbst ist, daher, wie mehrmals erwähnt, über
jede Reflexion unsererseits erhaben ist, weshalb auch
manche Kabbalisten diesen „das unerklärliche Geheim-
niss" oder „Wunder" (פלא) nannten.

Nachdem nun, um uns ganz nach menschlicher
Art auszudrücken, die Raummachung für die Erscheinungswelt vollendet wurde, sind auch mittelst der die
Erscheinung hervorbringenden und erhaltenden Linie,
die in dem urewigen Weltplane unendlichen und ver-
borgenen, implicirten, gleichsam dynamischen Werkzeuge entstanden, und haben die Weltschöpfung so
zu sagen in Angriff genommen. Diese Werkzeuge sind
die zehn Sephiroth (עשׂר ספירות), (welche, wie bereits
bemerkt, eine Analogie der griechisch-philosophischen
zehn Intelligenzen שׂכלים נבדלים bilden), mittelst welcher,
wie durch deren Combination, Stellung und Abstufung
alles bis auf inclusive unsere materielle Welt entstanden und immerwährend geordnet wird.

Diese Sephiroth selbst sind wohl einfach geistige,

der Unterschied zwischen beiden aber darin besteht, dass der
Punkt gar keine, selbst nicht eine ideelle Gebahrung erfahren,
nichts mehr als, so zu sagen, die Negation einer Negation, das
Heraustreten aus dem absoluten Nichts — die Ermöglichung
der Gestaltung einer mathematischen Figur überhaupt — ist,
während die mathematische Linie bereits in der Idee wenigstens einen Fortschritt zur Länge gemacht hat. Der aus
der Zusammenziehung, wie im Texte erörtert, entstandene
leere Raum gleicht dem mathematischen Punkte (נקודה),
ist selbst jedes Inhaltes bar, nur die Möglichkeit der Schöpfung anbahnend, hingegen jenes, die Erscheinung hervor-
bringende Moment der Linie ähnlich, selbst eine, wenn
auch noch ganz verborgene Schöpfung ist.

aber geschaffene Wesen, daher kein integrirender Theil
der Gottheit, deshalb aber auch geeignet, Schöpfung,
Beaufsichtigung und Ordnung des Universums in allen
seinen Abstufungen bis inclusive auf unsere sublunarische, materielle Welt zu vermitteln. Dieselben sind
aber dennoch in der ersten Wirkung, als zum Weltplane gehörend, wohl in tiefster Verborgenheit, ideell,
schemenartig implicirt, weil sie als dynamische W e r kz e u g e mit in dem Weltplane inbegriffen sind, und
deren Erschaffung, so zu sagen, vorgemerkt werden musste.
*). (עשר ספירות הגנוזות באין סוף)

Eine detaillirte Darstellung, respective Erläuterung des ganzen Prozesses der Sephiroth, deren Wirkung in allen Abstufungen, Verzweigungen, Stellungen,
zeitlichen wie räumlichen Verschiedenheiten, wie wir
sie in den eigentlichen kabbalistischen Werken finden,
ist in unseren Briefen nicht gegeben, nur einige allgemeine Statuirungen von besonderer Bedeutung für

---

*) Die Stellungen der Sephiroth spielen in der Kabbala
eine bedeutende Rolle. Zwei Hauptstellungsarten werden
besonders hervorgehoben, nämlich die sphärenartige und
die geradlinige, עגולים ויושר. Damit sollen die zwei verschiedenen Abstufungsarten in der Natur angedeutet werden. Die eine, in welcher das Niedrigere dem Höhern
untergeordnet, aber nicht in diesem involvirt ist, wie
zum Beispiel das Steinreich unter dem Pflanzenreich, dieses
wiederum unter dem Thierreich stehet u. s. w., ohne
dass das Eine in dem Andern verschlungen wäre, dieses
nennen die Kabbalisten die geradlinige Stellung (יושר), weil
gleich der Linie, wo die Punkte auf einander folgen, ohne
dass der oberste den untersten umhüllt. Die zweite Art, in
welcher das Höhere das Niedere involvirt, wie z. B. die Gattung involvirt die Art, diese wiederum das Collectivum,
dieses das Individuelle u. dgl., und daher „die sphärenartige Stellung" heisst (עגולים), gleich einer grossen Kugel,
die die kleinere in sich aufnimmt und einschliesst.

3 *

Theorie und-Praxis, als Consequenzen der bisher entwickelten Grundidee.

Wir wissen aus Obigem, dass die erste Wirkung den Weltplan, d. h. den Fond des Daseins, wie dessen Beschaffenheit für alle Zeiten und Situationen enthält, gemäss der von der ersten vollkommensten Weisheit · stipulirten Norm, dass in derselben alle Weltereignisse c o n d i t i o n e l l, aber u n a b ä n d e r l i c h von aller Ewigkeit her bestimmt wurden. Deshalb sind auch alle in der heiligen Schrift vorkommenden Mirakel nur für uns solche, d. h. als Abnormitäten er s c h e i n e n d e, in der That aber eben so gut normal, wie die gewöhnlichen Naturläufe; eben so wie der Erde ihre tägliche und jährliche Laufbahn von jeher vorgeschrieben wurde, eben so dem rothen Meere z. B., im geeigneten Momente zur Errettung der mit einer heiligen Mission betrauten Israeliten, heraus- und wieder zurückzutreten. Die Talmudisten haben diese Idee schon in dem bekannten Satze : תנאי התנה הקב״ה במעשה בראשית angedeutet. *) Dasselbe ist auch mit der göttlichen Belohnung und Bestrafung der Fall, die nur natürliche Folgen der menschlichen oder nationalen Handlungen nach gedachter Vorherbestimmung im urewigen Weltplane sind.

Auch die Wirkung der Reue, Busse und des Gebetes (תשובה ותפלה) lässt sich auf diese Art vernunftmässig erklären: Durch die Sünde, die Absorbirung in weltlichen irdischen Dingen, in Sinnlichkeit und Leidenschaften, im Wahne der selbstständigen Kraft und Unabhängigkeit von der ersten Ursache, wird der Mensch dem Geistigen, Göttlichen immer mehr entfremdet und in diesem Maasse wird-auch der für ihn im Urplane bestimmte, ursprünglich rein geistige Fond des Lebens, und der göttliche Gnadenausfluss (השפע האלהית) verringert, es werden, so zu sagen, die geistigen Röhren

*) Siehe Nachträge,

(צנורות), durch welche· den Menschen aller Segen, alles Heil zugeführt wird, verstopft, versiegt, oder es wird dessen Lebensnerv gänzlich abgeschnitten, je nach seiner grössern oder kleinern Entfernung von der Urquelle. Durch die aufrichtige Reue aber, durch das Insichgehen, die Wiedererkennung seiner Nichtigkeit und der absoluten, einzigen, sein Dasein und seine Thätigkeit erhaltenden Kraft Gottes, der das Gebet einen entsprechenden Ausdruck verleihet, schwinden die sinnlichen, materiellen Scheidewände zwischen dem Menschen und seiner geistigen Lebensqwelle, der göttlichen Gnade gleichsam den freien Ausfluss, die freie Ausströmung einräumend.

Allein mit dem Gebete hat es noch ein anderes Bewandtniss; es ist nicht allein die Stimmung oder Umstimmung des Betenden, welche die oben gedachte Wirkung hervorbringt und bedingt, sondern auch die materielle Form und der Inhalt des Gebetes besitzen diese Eigenschaft, was durch folgende Statuirung in der Kabbala seine Erklärung findet.

Wie mehrmals erwähnt, sollen und können wir der ersten Ursache keinen Namen beilegen, weshalb Mancher selbe auch „den Namenlosen" genannt hat, der Tetragrammaton ist in seiner doppelten — geschriebenen und gelesenen — Bedeutung, die Benennung der ersten Wirkung, die Bezeichung des Urwillens und Weltplans, wie auch die anderen zehn heiligen Namen (עשרה שמות שאינן נמחקים) mit den Sephiroth correspondiren und auf die das Universum erzeugenden und ordnenden Kräfte deuten, als: Erscheinung, Milde, Gerechtigkeit u. s. w.

Diese Namen aber sind nicht blos Bezeichnungen, sondern auch Zeichen, sie zeigen nicht blos das Wesen oder die Eigenschaft des Benannten an, sie greifen viel-

mehr in die Bildung desselben ein, sie sind die ersten
Schemen der Dinge selbst. Wie der allerreinste, ab-
stracteste, menschliche Gedanke sich in einer, aus Worten und Buchstaben gebildeten Sprache einkleidet, so
hat der Urgedanke, der Urplan, seine geistige Ur-
sprache, nicht etwa dass in dieser höchsten Region eine
Sprache nöthig wäre, sondern dass es zum Wesen der
Erscheinung gehört, einen Tipus der Sprache zu involviren. Diese, so zu sagen, ersten geistigen Umhüllungen des
reinen Urgedankens sind die Prototype des Alphabets.
Dieses selbst ist ein Mittelding zwischen dem Geistigen
und Materiellen. Seiner Form nach materiell, manifestirt
es rein geistige Eigenschaften, die Schranken von Raum
und Zeit durchbrechend. Zweiundzwanzig Buchstaben,
die kaum einen Zoll Raum einnehmen und die man in
einer Minute Zeit hersagt, enthalten durch ihre Zusammensetzung das Verständniss von allem Dagewese-
nen und allem Daseienden, sind Träger des reinen Gedankens und bilden für uns wenigstens die einzige Form
desselben. Dieser ihrer Doppelnatur halber sind sie
auch geeignet mit ihren rein geistigen Urbildern einerseits und der materiellen Welt andererseits in Rapport
zu stehen, Ausströmungen zu empfangen und wieder-
zugeben, sowohl vom Höhern zum Niedrigern, als
umgekehrt.

Das ursprünglich so absolut rein Geistige und Einfache in dem Urwillen ist so sehr von Materiellem,
Zusammengestztem verschieden, so sehr über Letzterem
erhaben, dass eine unmittelbare Verbindung unter ihnen
eine positive Unmöglichkeit ist, und die Ausströmungen
von der einen, die Empfänglichkeits-Fähigkeit von der
andern Seite (אתערותא דלעילא, אתערותא דלתתא) kann nur
gradatim durch Mittelglieder, die mehr oder weniger
von den Eigenchaften beider besitzen, realisirt werden.

Zu der Kette dieser Mittelglieder gehören also auch nach obiger Erörterung die Buchstaben, Wörter und ihre Zusammensetzungen *). Diese eben sind in den Gebeten und Segensprüchen auch von bedeutender Wirkung. Die Gebete und Segensprüche sind daher nicht der Willkühr eines Jeden überlassen, selbe nach eigenem Gutdünken abzufassen, sondern es ist von den „Männern der grossen Synagoge" (אנשי כנסת הגדולה) eine gewisse Norm für die Hauptgebete stipulirt worden (מטבע שטבעו חכמים בברכות),bei manchen ist sogar die hebräische Sprache als C o n d i t i o s i n e q u a n o n vorgeschrieben. Jenen grossen göttlichen Männern haben sich die Geheimnisse der Buchstaben, Wörter, deren Combinationen und Rapporte mit den Sephiroth bis zu den ersten Prototypen des Urwillens erschlossen, weshalb sie im Stande waren eine der Zeit und der Situation entsprechende, allgemeine, für ganz Israel obligate Liturgie zu verfertigen. **) Deshalb ist auch die Tendenz des Gebetes nicht

---

*) Der Tetragrammaton, bestehend aus den Buchstaben יהוה, enthält die erste Spur der zu entstehenden zehn Sephiroth. Das י = einem Punkt (.) ╳ einer Linie (|) bezeichnet den כתר = פלא, die Erscheinung möglich machende Kraft. Das ה, eine Figur, darin eine Linie = חכמה בינה דעת, der in die Erscheinung getretene scheidende und bindende göttliche Gedanke ; חכמה = כח מה, die noch unterscheidungslose Weisheit = der Linie ; בינה der trennende, unterscheidende Verstand ; דעת die die beiden Gegensätze vereinigende Vernunft. Das ו die sechs Sephiroth : חסד, גבורה, תפארת, נצח, הוד, יסוד, die in der Welt wirkenden Kräfte (Milde, Gerechtigkeit, Schönheit, Bezwingungskraft, Erhabenheit und Productivität). Das letzte ה = מלכות, die Alles in sich aufnehmende und erhaltende Erscheinung, gleichsam die Beleuchtung zur Sichtbarwerdung der Gegenstände. (Siehe Nachträge).

**) Ob und warum die Buchstabenschrift erst spät erfunden wurde, scheinen die Kabbalisten nicht in den Bereich ihrer Untersuchungen gezogen zu haben,

gänzlich verfehlt, wenn der Betende auch manchmal zerstreut und nicht vorbereitet ist zur Andacht und Erhebung seines Gemüthes zum Geistigen, Göttlichen. In diesem Falle wirkt wenigstens die immanente Kraft des vorgeschriebenen Gebetes selbst, freilich nicht in dem Grade als wenn es von der geistigen Gesinnung getragen wird, die allerdings die Haupttendenz ist. Die Wirkungen dieser Gebete aber, d. h. ihr Disponibelmachen für das Empfängniss nach beiden Seiten hin, reichen nur, wie aus Obigem erhellt, bis zum Urwillen, nicht aber bis zur ersten Ursache, weil d i e s e ihrem allvollkommensten, absoluten Wesen nach, über jede Einwirkung, jede Relation mit dem Geshaffenen erhaben bleibt.

Dasselbe Bewandtniss hat es auch mit dem Gesetze der Thora, mit den Ge- und Verboten derselben, die in dem Urwillen wurzeln, zum ewigen Weltplane gehören, und für deren Befolgung oder Uebertretung die Belohnung und Bestrafung eine natürliche Consequenz ist, indem sie die Fähigkeit oder Unfähigkeit des Menschen bedingen, den von aller Ewigkeit bestimmten Lebensfond empfangen zu können, indem sie gleichsam auch die Röhren bilden, durch welche die göttliche Ausströmung dem Menschen zugeführt wird. Die Strafe ist wie das Uebel nicht Positives, sondern, was schon Maimonides dargethan, die Entziehung der providenciellen Wohlthätigkeit. ·

Die Thora, im Ganzen genommen und dem Geiste nach, bildet einen Theil des Urweltplans selbst, ist ein unmittelbarer Ausfluss der allervollkommensten Weisheit, das Höchste und Erste im Universum, sowohl dem Grade als der Zeit nach, und steht weit höher als die Sephiroth, die nur geschaffene Wesen sind. *) Nur

---

*) Stellen, die auf diese hohe Idee von der Thora deuten

bei der Ausübung der gesetzlichen Vorschriften durch den Menschen bilden die Sephiroth die Mittelglieder zwischen diesem und dem Urwillen, weil die Worte und Handlungen des Menschen, wie er selbst, zu sehr mit dem Materialismus behaftet sind, um in einem unmittelbaren Rapport mit dem urewigen unendlichen Licht — d. h. mit dem Urwillen — zu stehen. Die Sephiroth empfangen gleichsam die Gedanken, Worte, Thaten der Menschen, destilliren sie, so zu sagen, von dem ihnen angeklebten Stoff, um sie ganz vergeistigt dem Urwillen zu unterbreiten, von dem die Sephiroth wiederum die unendliche Ausströmung in Empfang nehmen, um solches gleichsam so zu verarbeiten, dass sie für den Menschen annehmbar werden. Der erste Act

---

sollen, sind sehr viele im Talmud, Midrasch und Sohar, wovon hier nur einige als Beispiele:

ואהי' אצלו אמון (משלי ח' ל') התורה אומרת אני הייתי כלי אומנתו של הקב"ה, בנוהג שבעולם מלך בשר ודם בונה בונה אינו בונה אותו מדעת עצמו אלא דפתראות ופנקסאות יש לו לדעת האיך הוא עושה. חדרים האיך הוא עושה פשפשין, שהי' הקב"ה מביט בתורה ובורא את העולם והתורה אומרה בראשית ברא אלהים ואין ראשית אלא תורה ה"ך מה דאת אומר ה' קנני ראשית דרכו: (Bereschith Rabba Abschn. I.)

Ferner heisst es:

ה' בחכמה יסד ארץ, כשברא הקב"ה את עולמו נתיעץ בתורה ובהא את העולם, שנאמר לי עצה ותושיה לי בינה אני גבורה (משלי ח' י"ד) והתורה במה היתה כתובה? היתה על גבי אש לבנה באש שהתורה שנאמר קווצותיו תלתלים שחורות כעורב (שה"ש ה' י"א) מה קווצותיו תלתלים? על כל קוץ וקוץ תילי תילים של הלכות, כיצד? כתוב בה "לא תחללו את שם קדשי", אם אתה עושה ח, ה, אתה מחריב את העולם, "כל הנשמה תהלל יה", אם אתה עושה ה' ח' אתה מהריב את העולם. "שמע ישראל ה' אלהינו ה' אחד", אם אתה עושה ד, ר, אתה מחריב את העולם וכו' אם אות אחת כך כל שכן התורה כולה וכו' וכו' והיא היתה אומן במעשה בראשית שאל תקרא אמון אלא אומן וכה נטה שמים :ויסד ארץ וכו' (Tanchuma zu Bereschith).

Im Sohar heisst es קוב"ה ואורייתא חד u. dgl. m.

42

heisst „die Initiative a posteriori" מיין, אתערותא דלתתא)
(נוקבין) der zweite „die Initiative a priori", אתערותא לעילא)
(מיין דוכרין *)

Dieser ganze Entwickelungs - und Ausströmungs-
prozess findet, wie mehrmals dargethan wurde, nur von
dem Urwillen bis herunter und umgekehrt statt, die
erste Ursache aber war und ist absolut ausser aller Berührung und Relation. Der Urwille allein ist es, dem
wir einen Namen — den Tetragrammaton — beilegen,
er, der Schöpfer des Universums, der Gott Israels,
אלהי ישראל, der unsere Vorfahren aus Egypten erlöst,
uns von allen Nationen auserwählt, seinen heiligen Namen, wie auch die heilige Thora, d. h. den Inbegriff
der ganzen Weltordnung, offenbarte, er ist es, an den
wir unsere Gebete und Segensprüche in letzter Instanz
richten, nach dessen Gebeiss wir unsere freien Handlungen normiren, nach welchen uns geistiges Leben oder
Tod, Segen oder Fluch, Heil oder Unheil, Seligkeit
oder Verdammniss zu Theil wird. Nichtsdestoweniger
aber bleibt gerade die erste Ursache die eigentliche
einzige Hauptquelle alles Daseins, alles Lebens, Se-
gens und Heiles, so zu sagen, der absolut und unendliche, verborgene Schatz aller Seligkeit ungetheilt und
unverändert, sowohl an und für sich, als in der Erscheinung.

Dieses Letztgesagte ist ein Grundprincip unseres
Glaubens, der Grundpfeiler des Judenthums in dogmatischer Hinsicht, das einzige unerschütterliche Dogma
in der jüdischen Religion — der Monotheismus. צ צ

---

*) Der von Oben kommende Segen wird in der kabba-
listischen Terminologie die „männliche", der Vorbereitungsact
der weltlichen Empfänger die „weibliche" Quelle benannt;
jeder Geber ist Mann, jeder Empfänger Weib.

Allein dieses Hauptdogma von der absoluten Einheit der ersten Ursache, aus welcher eo ipso folgt, dass dieselbe die einzige, alleinige Quelle alles Daseins ist, scheint mit dem bisher Gesagten und Entwickelten von der ausschliesslichen Wirkung und dem ausschliesslichen Einflusse des Urwillens auf die Welt, wornach er eine zweite, urewige Macht wäre, in Widerspruch zu stehen. Zur Hebung dieses Widerspruches mögen folgende Auseinandersetzungen dienen.

Zuförderst aber wollen wir die aus dem bisher Erörterten resultirenden verschiedenen Hauptabstufungen alles Daseienden, wie deren gegenseitiges Verhältniss zu einander resumiren, wodurch eine allgemeine deutliche Uebersicht des Ganzen gewonnen und leichter nachgewiesen werden wird, und wie die wirkliche Einheit trotz der scheinbaren Verschiedenheit bestehen kann.

Die Hauptabstufungen — ohne der Unterabtheilungen zu gedenken — des Alls sind nach obigen Statuirungen folgende: 1) die erste Ursache, 2) die erste Wirkung, 3) die zehn Sephiroth und 4) das Weltall.

Die ersten zwei unterscheiden sich von den letzteren wesentlich darin, dass jene urewig und identificirt, diese geschaffen und gesondert sind.

Die erste Ursache unterscheidet sich nur darin von der ersten Wirkung, dass jene eben die Ursache, diese die Wirkung ist; sie sind weder in der Zeit noch in dem Raum verschieden und stehen im wechselseitigen Verhältniss.

Die Sephiroth unterscheiden sich von dem Weltall in mannigfacher Beziehung, denn ausser dem, dass sie als dynamische Werkzeuge sich im Weltall wie die Ursache zur Wirkung verhalten, sind sie auch vom letz-

tern durch ihr rein geistiges Wesen und zeitlich wie
räumlich verschieden.

Um sich auf menschliche Weise und kurz auszudrücken und das Ganze zu veranschaulichen, kann
man sagen, die erste Ursache ist gleichsam das D e n-
k e n d e, die erste Wirkung d e r G e d a n k e und d a s
G e d a c h t e, die zehn Sephiroth die dynamischen Mittel zur Ausführung des Gedankens und das Weltall
der a u s g e f ü h r t e Gedanke selbst.

Nach dem Gesagten scheint also das sämmtlich
Daseiende aus vier verschiedenen Hauptbestandtheilen
zu bestehen, die gradatim auf einander wirken, wobei nach Verhältniss der Entfernung oder niedrigern
Stellung die Wirkung verringert wird. Dem aber ist
nicht so; ein tieferer Einblick in dieser Gliederung
wird uns belehren, dass diese Sonderung, respective Gra-
duirung, nur eine scheinbare sei, im Grunde aber alles Eins ist.

Hier sind wir zu einem der wichtigsten Punkte
der Kabbala angelangt, dem bedeutungsvollsten sowohl
in theoretischer als in praktischer Hinsicht, nämlich zu
der I d e n t i t ä t s l e h r e, סוד היחוד.

Wie bekannt, sollen nach der Kabbala alle unsere
Handlungen, das ganze sogenannte Zeremonialgesetz,
den Zweck haben, diese Identität hervorzubringen oder
zu erhalten, weshalb vor jeder religiösen Verrichtnng
die bekannte Formel vorgeschrieben wurde: „um zu
vereinigen, gelobt sei Er und seine Offenbarung" (לשם
יחוד קודשא בריך הוא ושכינתי' *) Folgendes ist die Bedeutung

---

*) Selbst im praktischen Leben sollte, nach den Kab-
balisten, der Fromme alle seine täglichen Handlungen so den
Gesetzen der Thora und dem Geiste derselben entsprechend
einrichten, dass auch sie die besagte Identität hervorbringen.

dieser Statuirung: Wie bereits angedeutet, ist die Auseinanderlegung des Alls in vier Hauptbestandtheile nur eine scheinbare, in der Wirklichkeit aber findet keine Sonderung statt. Alle die angegebenen Abstufungen sind nur der Erscheinung, nicht aber dem Wesen nach, weil das Wesen, seiner eigentlichen und wahren Definition nach, nur Eins sein kann, zwei Wesen sind, wie bekannt und von der Philosophie zur Genüge demonstrirt, ein Widerspruch in sich selbst. Es gibt daher nur ein Wesen, alles Uebrige aber ist unwesentlich, eine blosse Erscheinung, d. h. ist ein Scheinwesen, aber kein wahres. — Dieses einzige, einige Wesen ist die erste Ursache, ausser ihr aber gibt es gar kein Wesen, sondern Scheinwesen. So heisst es auch in Pentateuch (Deuter. 4, 39): וידעת היום והשבות אל לבבך כי ה' הוא האלהים בשמים ממעל ועל הארץ מתחת אין עוד.

Selbst die erste Wirkung, obwohl urewig und unendlich, ist nur der Gedanke der ersten Ursache, also nicht selbstständig, kein wahres Wesen, und obwohl sie Alles geschaffen hat, Alles immerwährend erhält und regiert, die Empfängnissfähigkeit gleichsam in sich aufnimmt und Allem Leben und Dasein spendet, so geschieht dieses, wie oben dargethan wurde, so zu sagen, nicht aus eigenen Mitteln, sondern durch den ihr von ewig her von der ersten Ursache gleichsam anvertrauten Daseinsfond. Die Linie, die die Erscheinung hervorbrachte und selbe erhält, stammt von der ersten Ursache her. Noch unvergleichlich weniger können die zehn Sephiroth und gar das Weltall auf Wesenheit An-

---

So heisst es in einer Schrift: „Chanoch war ein Schuster und bei jedem Schnitte, den er machte, sagte er die Formel: „um zu vereinigen" u. s. w. חנוך תופר מנעלים הי' ועל כל תפירה ותפירה אמר לשם יחוד וכו', welches obige Idee andeuten soll.

spruch machen; die erstern sind, obwohl rein geistige, jedoch geschaffene Dinge, haben also ihre Existenz ausserhalb sich und sind daher schon keine absoluten Wesen; letzteres bestehet gar zum Theil aus Zusammensetzung und Materie, weshalb ihre Existenz eine nichtige ist, besteht nur in der mittelst der ersten Wirkung und durch die erste Ursache hervorgerufenen und erhaltenen Erscheinung.

Aus dem bisher gesagten erhellt nun, dass trotz der statuirten vier Abstufungen, der wahre Monotheismus nicht nur nicht beeinträchtigt, sondern vielmehr in seiner ganzen Wahrheit beleuchtet und nachgewiesen worden, wie, ungeachtet der nicht wegzuleugnenden, in der Erscheinung existirenden, unermässlichen Mannigfaltigkeiten, die erste Ursache nicht nur eine absolute Einheit sondern in der Wirklichkeit das einzige und allein existirende Wesen ist.

Allein so sehr auch diese Wahrheit von der Vernunft evident demonstrit und anerkannt wurde, so ist dieselbe dennoch in der Erscheinungswelt kaum wahrnehmbar, vielmehr scheint die Natur in ihrem regelmässigen, nie gestörten Laufe ein selbstständiges, auf eigene Kräfte gestütztes Wesen zu sein. Der Mensch denkt sich und seine Umgebung gleichsam emancipirt, selbst überlassen und selbst kräftig genug, sich allein zu erhalten. Er nimmt nur die nahen Ursachen, die nahen Kräfte wahr, die auf ihn influiren, die wahre Ursache, die wirkliche Kraft, die einzige Lebensquelle alles Daseins, ist für ihn in einem dichten Schleier gehüllt. Er ahnt sie hie und da, aber sie steht ihm fern; sie durchdringt ihn nicht.

Freilich gehört eben diese Umhüllung selbst in den Urweltplan, weil die menschliche Willensfreiheit, die Selbstthätigkeit aufhören würde, hätte der Mensch im-

mer seine Nichtigkeit, wie die Allgegenwart Gottes vor
Augen, und weil die Welt, die Menschheit, unmöglich
die göttliche Kraft in ihrer ganzen Ausdehnung und
Stärke ertragen könnte. Aber in dem Maasse, in welchem sich der Mensch in der Erscheinung absorbirt,
entfernt er sich vom Wesen, von der Urquelle, und
eben in diesem Maase verringert sich auch, wie mehrmals auseinandergesetzt wurde, sein Lebensfond, die
geistigen Röhren, die ihm die Spendung göttlicher Gnade
zuführen, werden verstopft oder versiegt und es erfolgt,
um sich menschlich auszudrücken, eine Trennung zwischen dem Göttlichen und dem Universum (פרוד בין הדבקים),
indem alle Relation aufhört oder geschwächt wird. Nur
durch die Gebete, Reue, wie überhaupt durch die Befolgung der göttlichen Vorschriften, der moralischen
Gesetze, wird die Abhängigkeit des Creatürlichen, wie
die absolute einzige Wesenheit der ersten Ursache
manifestirt; die Scheidewände zwischen der Erscheinung
und dem Wesen fallen, je nachdem dieses in jene hin-
eindringt und die ursprüngliche Einheit sicht- und er-
kennbar wird. Es gestaltet sich diese Identificirung des
Göttlichen mit dem Geschaffenen, des Geistigen mit dem
Materiellen, wohl in verschiedenen Graden und Nuan-
cirungen, nach den verschiedenen Regionen, Situationen
und selbst Individuen; ein jeder aber trägt das Sei-
nige durch Wort und That dazu bei, ein jeder gesetz-
lich Handelnde kann und soll daher sagen: „der Identificirung halber לשם יחוד וכו'."
Alles Identificiren aber ist von der ersten Ursache
gänzlich ausgeschlossen; hier ist absolute Einheit, hier
findet nicht der leiseste Schatten, die allerkleinste Nuance einer Verschiedenheit, deshalb auch keine Vereinigung statt. Erst mit der ersten Wirkung, wo das
Schema der Unterscheidung zu keimen anfängt, lässt

sich von Vereinigung sprechen, die darin besteht: überall die verborgene unsichtbare Wesenheit aller Dinge,
die reine erste Ursache, anzuerkennen, dieses einzige
U r w e s e n gleichsam in Alles hineinzuziehen, die E r-
s c h e i n u n g in der Idee wenigstens aufzuheben und
zum W e s e n zu erheben. Die Formel lautet: ולשם
d. h.: יחוד קודשא בריך הוא ושכינתי' על ידי האי טמיר ונעלם)
„Um
den Heiligen, gelobt sei Er, mit Seiner Offenbarung zu
vereinigen durch das Verborgene, Unsichtbare." Der Sinn
dieser Formel ist nach Obigem folgender: Wie oben
angedeutet, ist der Complex der sechs Sephiroth, חסד,
גבורה, תפארת, נצח, הוד, יסוד genannt זעיר אנפין und auch
קודשא בריך הוא, der Inbegriff der die Welt ordnenden
und regierenden Kräfte; die letzte siebente Sephira,
מלכות, die eigentliche Erscheinung, der Spiegel, die
c a m e r a   o b s c u r a, mittelst welcher alle Kräfte wahrgenommen werden, daher heisst auch dieselbe שכינה = Ruhen,
wo nämlich alle Gestaltungen ihren Ruhepunkt erreicht
und gefunden haben. Die Urkraft ist hier am verbor-
gensten, das Phänomen kommt hier zum eigentlichen
Durchbruch, die Täuschung ist vollendet, alles gewinnt
hier das Ansehen der Selbstständigkeit, der Trennung
vom göttlichen Wesen, was, wie oben weitläufig auseinandergesetzt, ein Abfall von der Urquelle wäre;
durch die gesetzliche Handlung und Gebete aber, wird
in die Erscheinung selbt das Wesen hineingezogen, der
v e r b o r g e n e   u n s i c h t b a r e Urstrahl, die L i n i e, vereinigt beide, und die waltenden Kräfte קוב"ה und das
Phänomen מלכות werden Eins.

Durch das bisher Entwickelte stellt sich leicht die
Beantwortung der in Nr. I und II unerledigt gebliebenen Fragen heraus, die wir hier in möglicher Kürze
andeuten, indem sie zum grössten Theile mehr Spiele
des Witzes sind, als eigentliche Momente des Systems.

1. Der Tetragrammaton ist nicht nur der Namen, die Bezeichnung der ersten Wirkung, sondern birgt in sich schon die erste Spur, die Prototype der dynamischen Vermittlungswerkzeuge der Sephiroth und des Alphabets, bildet in der einen — unaussprechlichen — Seite die Bezeichnung des von der ersten Ursache Gedachten, in der andern das Schema der Realisirung dieses Gedachten.; das Sein הויה und das Werden, יהוה, unterscheidet sich daher wesentlich von den anderen zehn heiligen Namen (עשרה שמות שאינן נמחקים), welche die dynamischen Werkzeuge selbst, die Sephiroth darstellen.

2. Derselbe, den Weltplan und die Thora in sich involvirend, wurde erst dem Moses offenbart, während die Patriarchen nur von der ersten Ursache wussten, daher auch nicht die Thora empfingen.*)

3. Selbst der Tetragrammaton aber ist nur auf die erste Wirkung, nicht aber auf die erste Ursache zu beziehen, weil bei dieser jede Benennung, jede Unterscheidungsspur als antropomorphistisch verpönt ist; zu den Zeiten des Enosch (אנוש) wollte man der ersten Ursache selbst Namen beilegen (או הוחל לקרוא בשם יהוה), was Verwirrung und sogar Götzendienst veranlasste.

4. Bei der Offenbarung am Berge Sinai wurde, so zu sagen, die Existenz, die Beschaffenheit, Herrschafft, Allmacht und Thätigkeit der ersten Wirkung proclamirt und den Israeliten die Pflicht auferlegt, an dieselbe

---

*) Die Patriarchen oder Urväter, אבות, standen, von einem andern Gesichtspunkte aus betrachtet, nach den Kabbalisten, noch höher als Moses, waren gleichsam in einem unmittelbaren Rapport mit der ersten Ursache (האבות הן הן המרכבה), nahmen das Gesetz, so zu sagen, direct ohne Ueberlieferung auf. Dieser Punkt ist in unserem Ms. unerörtert, weshalb wir uns auch dessen Besprechung für spätere Monographien vorbehalten.

50

den Gottesdienst zu richten. Das vorbereitete israeliti-
sche Volk kannte bis dahin nur die erste Ursache. Des
halb bildet auch der erste Vers: אנכי ה' אלהיך וכו' einen
integrirenden Theil der zehn Worte (עשרת הדברים), wei
er eine neue Statuirung enthält; der Vers: „Ich bin der
Ewige, dein Gott, der dich aus dem Lande Egypter
herauszog u. s. w." bezieht sich lediglich auf die erste
Wirkung. ﬡ.

5. Die erste Ursache ist nach Obigem über das
Wissen der Einzelndinge erhaben, der Gottesdienst und
die Wirkungen derselben beziehen sich auf die erste
Wirkung mittelst der geschaffenen Abstufungen der
selben. Auf diese Weise ist der Ausspruch des in Nr. I
citirten Midrasch erklärlich, wo es heisst: „Wenn er
unsere Gedanken kennt, werden wir ihm dienen, sons
werden wir ihm nicht dienen."

So viel enthalten gedachte Briefe die Grundzüge
von Eibenschützens kabbalistischem System, zu welchen
unzählige Citaten aus kabbalistschen Schriften als Belege
angeführt werden, besonders aber hebt Eibenschütz einige
von den Geonim herstammen sollende Stellen hervor
welche die späteren Kabbalisten citirten. Diesen, sagte
er, lege er um so mehr Wichtigkeit bei, als die Geonin
die eigentlichen verlässlichen Träger der mündlichen
Lehre überhaupt und der Kabbala insbesondere waren
Den Aussprüchen der spätern Kabbalisten hingegen leg
er mindere Wichtigkeit bei, selbst denen des Rabb
Isaak Lorje, welche, wie er meint, ihrer ungemeinen
Dunkelheit halber, nicht immer massgebend sein können
In die Details, mannigfaltige Wirkungen, Stellunger
und Gebahrungen der Sephiroth lässt sich, wie bereit
bemerkt, Eibenschütz hier nicht ein, selbst in den Grund
principien aber findet hier eine nicht unbedeutende Lück
statt; über die Seelenlehre, respective Metempsychose de
Kabbalisten, wie über das Weltübel, das sogenannte

antigöttliche Princip, סטרא אחרא, wird hier gar
kein Aufschluss gegeben. — Auf diese werden wir bei
der Besprechung anderer kabbalistischen Systeme ausführlich eingehen und selbe dann auch nach den Consequenzen des Eibenschütz'schen Systems beleuchten.
Bevor wir auf den Ausgangspunkt dieser Monographie zurückkommen, d. h. zur Beleuchtung des gegen
Eibenschütz erhobenen Kampfes, erlauben wir uns, einige
allgemeine Bemerkungen voranzuschicken über die Entwickelung der philosophischen Theologie überhaupt,
welche einiges Licht verbreiten dürfen, auch über obiges
System, wie über die ganze Kabbala, deren Licht- und
Schattenseiten, fremde Elemente und eigene Verarbeitung
derselben, ihr Verhältniss zum ursprünglichen talmudischen Judenthume und der Judenheit, wie ihre
Bedeutung für die allgemeine Culturgeschichte.
Schon der Urmenschheit wurde die Idee von dem
Dasein einer Gottheit gleichsam aufgedrungen, theils
instinctmässig als etwas Angeborenes, theils durch die
Wahrnehmung des regel- und ordnungsmässigen Laufes
der Natur, welche der schlichte menschliche Verstand
sich nicht ohne einen — oder mehrere — Ordner denken kann; dieser Idee gesellte sich auch einerseits das
Gefühl der Dankbarkeit gegen diesen Ordner, wie das
Bedürfniss, sein Wohlgefallen zu erringen, andererseits
schlichen sich in den menschlichen Geist unabweisbare
Bedenklichkeiten und Fragen ein über das Verhältniss
von Gott und Welt, Geist und Materie, allgemeine Ordnung und specielles Uebel u. s. w. Diese bildeten die
Factoren zur Entstehung der Religion und Philosophie.
Ob und in wie fern letztere auch bei den Urvölkern,
als das indische und egyptische Volk, zur selbstständigen Wissenschaft gediehen wäre, wie manche behaupten wollen, bleibt problematisch. Wir kennen nur die

4 *

Griechen als das einzige Volk im Alterthume, bei dem die Philosophie zum völligen Durchbruche gekommen, sich von allen äusseren wie inneren Einflüssen emancipirt und nur ein Ziel vorgesteckt hat, das Forschen nach Wahrheit und objectiver Erkenntniss der Natur und des Uebernatürlichen, ohne vor irgend einer Consequenz zurückzuschrecken. Deshalb sind auch die Repräsentanten derselben, bei aller äussern Berücksichtigung der Volksreligion, mit ihr, oder richtiger mit ihren Dienern nur zu oft in Collision gekommen, und mancher der Edlen und Würdigen unter ihnen wurde ein Opfer seines ernsten Forschens nach Wahrheit und Licht.

Erst in späterer Zeit ging auch in Griechenland und in Alexandrien mit der nationalen Unabhängigkeit auch die philosophische zu Grunde. Das freie Leben und das freie Denken bedingen sich immer gegenseitig; ein geknechtetes Volk ist nur selten vorurtheilsfrei, wie umgekehrt bei einem abergläubischen die wahre allgemeine Freiheit nie Platz greifen kann. Das heroische Athen kam unter fremde Botmässigkeit, und die Königin der Wissenschaften, die griechische Philosophie, wurde zur Magd des heidnisch-religiösen Cultus. Der freie hellenische Geist ist so gesunken, dass Männer des tiefen Denkens und edler Natur ihre Intelligenz gebrauchten zur Vertheidigung, ja zur Verherrlichung des Götzendienstes.

Es lag hier wohl kein frivoles Motiv zu Grunde; einerseits ist die Religion dem Unterdrückten ein unabweisbares Bedürfniss, andererseits liegt in der Natur der bessern, zartfühlenden Menschen eine unüberwindliche Anhänglichkeit an die einheimischen, Jahrhunderte lang bestehenden Sitten und Gebräuchen, eine tief wurzelnde Pietät für die Heiligthümer ihrer Altvordern. Als dieselbe daher theils durch die früheren kühnen

philosophischen Forschungen, theils durch das Auftreten
des Christenthums interminirt wurde, ging ihr Bestreben
dahin, in dem leblos gewordenen dürren Knochen des
Politheismus neues Leben zu bringen, ihn philosophisch
zu legitimiren und dadurch vor beiderseitigen An-
griffen zu schützen, — ein Verfahren, das wohl ihrem
Herzen Ehre macht, nichts weniger aber als ein wahrhaft philosophisches ist.

Unter den diesen Weg einschlagenden philosophischen Systemen ragt besonders der Neuplatonismus
hervor. Eine grossartige Schöpfung in ihrer Art, in
welcher der menschliche Geist selbst in seiner Verirrung einen Triumph feierte; der letzte der griechischen
Weltweisheit.

Es war ein genialer Gedanke, zwei feindliche Elemente derart zu vereinigen, dass das eine dem andern
Lebenskraft einhauche, und zwar nicht durch Ver-
ringerung, sondern gerade durch Kräftigung des erstern;
eine Methode, die bis auf die jetzige Zeit viele Nach-
ahmungen gefunden, freilich nicht immer zum Frommen
und Nutzen der stricten Wahrheit.

Die streng wissenschaftliche, stark begrenzte Definition des allgemeinen Geistes der früheren griechischen Schule wurde in diesem Systeme auf die Spitze
getrieben, damit um so eher in den crassen Antropomorphismus der politheistischen Götterlehre umge-
schlagen werden könne. Die Transcendenz der ersten
Ursache wurde aufs Höchste gesteigert, alles, was man
sprechen, denken und ahnen kann, wurde von derselben
als mit deren vollkommenen Geistigkeit und Einfachheit
collidirend entfernt, und jede Relation, nicht nur mit
der Welt, sondern mit Allem ausser sich selbst, völlig
abgeschnitten.

Es musste daher, um die Möglichkeit der Existenz
des Universums und dessen regelmässigen Naturlauf
begreiflich zu machen, eine enorme Zahl von sich ab-
stufenden Mittelkräften statuirt werden, an deren Spitze
eine Kraft, die weder ausserhalb der ersten Ursache
noch sie selbst ist, und daher einerseits mit der ersten
Ursache, als nicht ausser ihr stehend, in Relation kommen, andererseits, als nicht sie selbst den Keim enthalten kann zu dem ganzen Entwickelungsprocesse gedachter abstufender Kräfte, bis zur Entsehung der Materie
und der aus ihr gebildeten Welt. Diese Kraft nennt der
Neuplatonismus νοῦς das Denken der ersten Ursache.
Zur Entfaltung dieses Keims bis zur untersten Stufe
ist natürlich eine enorme Kette von massenhaften Gliedern nöthig, welche in mehrern Gruppirungen von verschiedener Art und Benennung, als Götter, Halbgötter,
Dämonen u. s. w. bestehen, denen die Vermittlung der
schaffenden und erhaltenden Kräfte von oben abwärts,
wie auch der Gebete und Wünsche der Geschöpfe von
unten aufwärts obliegt. Der Abstand zwischen dem νοῦς,
der noch ganz voll des unbegrenzten Lichtes und der
über Alles erhabenen Natur der ersten Ursache ist, und
der Welt, erforderte durchaus diese Unmasse von gradu-
ellen Abstufungen, damit letztere entstehen und erhalten
werden könne.

Diese Haupt- und Grundideen wurzeln schon, wie
gesagt, in der stoischen und neupithagoräischen Philosophie, welche die Vorläufer waren des Neuplatonismus;
dieser hat in seinen Schulen von Plottin bis Jamb-
lich die Principien mit weniger oder mehr Entfernung
vom ursprünglichen Geiste bearbeitet, ausgedehnt und
einen Bau vollendet, der ohne Widerspruch ein Riesen-
und ein Kartenbau genannt werden kann. Der reine,
klare Strom der Urquelle — der griechischen Philo-

sophie — wurde immer mehr und mehr verdichtet und getrübt, besonders aber hat der ethische, oder richtiger der religiös-praktische Theil eine ganz andere Gestalt angenommen. Hier, vorzüglich in den späteren Schulen, manifestirt sich die Kehrseite der griechischen Welt- und Lebensanschauungen auf das Deutlichste und Grellste. Die Welt wurde in diesem Systeme, entblösst von dem Glanz und dem Reiz, mit welchen sie das Griechenthum schmückte, ein Jammerthal, ein Sumpf, in welchem die Menschheit versunken wurde, und aus welchem sich herauszuretten ihre Lebens-, oder richtiger Todesaufgabe sein soll.

Man muss einerseits sich in diesem Systeme durch einen Wust von unzähligen Göttern und Dämonen durchwatten, andererseits wird es Einem unheimlich bei den hier vorgeführten, düsteren, Schauer erregenden Bildern der Welt und des Lebens. Nur der tiefe Ernst, die göttliche Begeisterung, die trotz der dicken Kruste durch denselben durchschimmert, bieten dem Leser einige Lichtpunkte, die Herz und Gemüth erwärmen. An die geistigen Adlerschwingen eines Plottin oder Porphyr, deren Seelen in schwärmerischer Extase alles Nichtgöttliche abstreifend, mit dem höchsten Wesen sich vereint dünkten, möchte auch ein ganz nüchterner Mensch einen Augenblick sich anklammern, um den Flug nach dem Himmel mitzumachen.

Ungefähr zu gleicher Zeit als in der heidnischen Welt tauchten auch ausserhalb derselben obige Grund-principien auf. Der Alexandrinismus, die christlichen Apologeten besonders, die Gnostiker, adoptirten dieselben mit mehr oder weniger Beschränkung, und, wie heidnische Philosophen das Heidenthum, suchten diese das alte und neue Testament zu allegorisiren, gedachten Ideen anzupassen, oder richtiger diese in jene hineinzubringen.

Bei aller Verschiedenheit der Consequenzen dieser Schulen und Systeme, einigen sich fast alle in der Annahme folgender Thesen:

Die höchste Transcendenz der ersten Ursache, die mit Nichts in Relation stehen kann.

Die Sonderung der ersten Ursache von dem Weltschöpfer, welcher der Gedanken derselben und von ihr nur um eine feine Nuance verschieden ist, und dem jedes System einen andern Namen beilegt, als: L o g o s, D e m i u r g und N u s.

Die Existenz einer abgestuften Reihe geistiger Kräfte, die Alles von unten nach oben und von oben nach unten vermitteln.

Die Hypostasirung der Attribute, als: Denken, Güte, Stärke u. s. w.

Die Niederträchtigkeit der Welt und das einzige Seelenheil, sich derselben durch ein beschauliches Leben und Absorbiren im Denken in höheren Regionen gänzlich zu entziehen.

Auch das Allegorisiren der Religionsurkunden ist ein charakteristisches Merkmal · aller dieser Systeme, zugleich aber auch ein Zeichen, dass trotz der wahrhaften Anhänglichkeit deren Repräsentanten an ihre väterlichen Religionen, sie derselben doch schon entwachsen und in der Idee über sie hinausgeschritten waren. Die mit sich ganz einige Orthodoxie findet an Nichts Anstoss, glaubt Alles und allegorisirt nie. Deshalb haben auch einerseits obige Systeme das Heidenthum von dem Untergange in der civilisirten Welt nicht retten können, weil diesen selbst, wie die Repräsentanten dieser Systeme, der naive unmittelbare Glauben fehlte, wie auch andererseits die christlichen Gnostiker von der Kirche als Häretiker verdammt wurden.

Es frägt sich nun, ob und in wie fern auch das Judenthum von diesen damals sich überall geltend-machenden Ideen afficirt, ob und in wie fern sein Urtypus durch dieselben umgestaltet oder gar entstellt wurde? Wir glauben, diese Frage ohne allen Vorbehalt verneinend beantworten zu können.

Der Kern des Judenthums und der Judenheit blieb nach wie vor, bis auf die spätere Zeit, auf die wir noch zurückkommen werden, seinem ursprünglichen Charakter, treu und in Theorie wie in Praxis fern von den oben gedachten Ideen, besonders von der dualistischen Annahme einer ersten Ursache und eines Weltschöpfers. Der Jude kennt nur einen Einzig-Einigen, der die erste Ursache, Schöpfer, Erhalter und Ordner aller Wesen ist, der in das Innere schaut und dem die Falten des menschlichen Herzens erschlossen sind, der seine Vorfahren aus Egypten erlöst, am Berge Sinai ihnen erschienen, weise Lehren und gerechte Gesetze offenbart hat, und der dem Menschen nach seinen Verdiensten belohnt und bestraft; zu Ihm allein und sonst zu keinem erhebt sich das jüdische Herz in Freud' und Leid', Ihm durch That und Wort Dank- oder Sühnopfer darbringend; für dieses Bekenntniss der absoluten und unbedingten Einheit Gottes floss jüdisches Blut unter der grausamen Henkershand des Fanatismus in Strömen, und das letzte Wort, das letzte Lebenszeichen des Märtyrers war: „Der Ewige unser Gott ist der einige. Gott." שמע ישראל וכו'. Die nach Bibel und Talmud existirenden Engel, mag man sie nach den philosophischen Theologen bildlich für die Wirkungen Gottes, oder nach dem Volksglauben für wirkliche Geschöpfe nehmen, sind für den Juden nicht mehr und nicht weniger als andere Naturwesen oder Naturkräfte, stehen nach der Meinung einiger Theologen im Range

höher, nach der Anderer niedriger als der Mensch,
zu dessen Nutzen und Bedienung sie geschaffen wurden
(siehe Ibn-Esra zu Gen. 1, 1.), keineswegs aber sind sie ihm
göttliche Wesen; sie sind Boten, מלאכים, Diener des einigen
Gottes, selbst des Menschen, besonders des Israeliten;
sie sollen sogar ob ihrer Vergehungen bestraft werden
und zittern und beben, wie der Paitan schildert, im
Gerichtstage vor der Stimme der grossen Posaune; sie
werden auch zuweilen — wie vom Patriarchen Jakob
— im Kampfe mit dem Menschen besiegt.

Bei dieser Anschauungsweise könnte es dem Juden
nicht im entferntesten einfallen, den Engeln göttliche
Attribute zuzuschreiben oder dieselben gottesdienstlich
zu verehren. Die Hypostasirung der göttlichen Attribute,
welche das an selbe Gebete richten veranlasst, drang
nicht ins Judenthum ein; in der heiligen Schrift findet
sich keine Spur eines derartigen Verfahrens, die in der
rabbinischen Literatur vorkommenden, an diese anstrei-
fenden Phrasen als: אמרה מדת הדין לפני הקדוש ברוך הוא und:
שכינה מה אומרת ferner: ,ורוח הקודש משיבתו u. dgl. mehr
wurden immer nur für blosse Metapher genommen *).

---

*) Aus einer Stelle des Sifri zu dem pentateuchischen
Vers (Deuter. 4, 7): בכל קראנו אליו, wo es heisst: אליו ולא
למדותיו „Zu Ihm und nicht zu seinen Attributen," geht deutlich die polemische Absicht gegen das Hypostasiren der göttlichen Attribute und das daraus erfolgte Richten der Gebete
an dieselbe hervor; wir glauben, dass der „Sifri" hier nicht
blos, wie dieses oft der Fall ist, eine homiletische Anlehnung
(אסמכתא) seiner eigenen Gesinnung an den Text, sondern
vielmehr eine wirkliche, von allen Commentaren wohl ab-
weichende, exegetische Erklärung des entsprechenden Verses
beabsichtigt, wozu ihn wahrscheinlich folgende Gründe veranlasst haben dürften:
Im Texte nämlich heisst es: ושמרתם ועשיתם כי הוא חכמתכם
לעיני כל העמים אשר ישמעו את כל החוקים האלה ואמרו רק עם חכם

Eben so wurden im Judenthume nicht nur der gesetzliche, sondern selbst der historische und erzählende Theil der heiligen Schrift, besonders der des Pentateuch nach dem einfachen Wortsinne oder nach dem Geiste desselben genommen, nicht aber in eine Allegorie verwandelt und dem Boden der Wirklichkeit entrückt.

ונבון הגוי הגדול הזה כי מי גוי גדול אשר לו אלהים קרובים אליו כיהוה אלהינו בכל קראנו אליו, ומי גוי גדול אשר לו חקים ומשפטים צדיקים ככל התורה הזאת אשר אנכי נותן לפניכם היום, d. h.: „So beachtet und thut sie (die göttlichen Vorschriften nämlich), denn das bekundet eure Weisheit und eure Einsicht vor den Augen der Völker, welche hören alle diese Gesetze und sprechen werden: Nur ein weises und einsichtiges Volk ist dieses grosse Volk, denn wo ist ein grosses Volk, dem die Gottheit so nahe ist, wie der Ewige, unser Gott, bei allem unsern Ihn Anrufen, und wo ist ein grosses Volk, das so gerechte Gesetze und Vorschriften hat, wie diese ganze weise Lehre, die ich auch heute ertheile." Fast alle Commentare deuten die Nähe Gottes beim Anrufen dahin, dass Gott ihr Gebet erhörte. Diese Erklärung aber hat Folgendes gegen sich: Es ist wohl einleuchtend, dass die Völker, welche die weisen Gesetze des jüdischen Volkes hören, diese bewundern, und schliessen werden, dass das jüdische Volk, welches nach solchen Gesetzen lebt, weise sein muss; auf welche Weise aber werden sie denn wissen und erkennen, dass der Ewige die Gebete der Juden besonders anhört, indem wohl auch andere Völker eben so gut und noch mehr als das jüdische Volk prosperirten und Eroberungen machten? Und was für einen Beweis liefert denn das Erhören der Gebete auf die Weisheit des Betenden? Es kann wohl seine Frömmigkeit, sein inbrünstiges Flehen, aber nicht seine Weisheit bezeugen? Der „Sifri" nimmt daher den Ausdruck „Nahesein" in buchstäblicheren Sinne des Wortes, dass nämlich der Ewige dem jüdischen Volke bei seinem Ihn Anrufen nahe, d. h. unmittelbar ist; während andere Völker, das höchste Wesen anerkennend, דקרא ליה אלהא דאלהי, doch, wie bekannt, den vermittelnden Kräften oder Göttern dienten und diese anriefen, richtet Israel sein Gebet an die erste Ursache unmittelbar, was wohl eine Weisheit, eine gereifte Er-

Als im 13. Jahrhundert ein philosophisch gebildeter Prediger eine agadische Stelle, in der das patriarchalische Ehepaar A b r a h a m und S a r a vorkam, dieselben als Sinnbild für F o r m und M a t e r i e deutete, brach gegen ihn ein fürchterlicher Sturm aus und die grösste damalige talmudische Autorität, Rabbi S a l o m o n B e n A b r a h a m A d e r e t h (רשב״א), darob entsetzt, that jeden in Bann, der vor erlangtem 25jährigem Alter sich mit den Studien der Philosophie beschäftigt *).

Auch im Bezug auf diese Welt und die Beschäftigung mit derselben haben im Judenthume obige Ideen keine Wurzel gefasst; wohl war besonders seit der Zeit der Tanaiten das sich wo möglich Zurückziehen von den weltlichen Geschäften und grösstentheils sich Widmen dem Geistigen, den Studien der Lehren des Gesetzes, die höchste Stufe der Vollkommenheit; nie aber waren weltliche Geschäfte und Genüsse hier so verpönt und verwerflich erachtet, wie nach den gedachten fremden Systemen, nach welchen die ganze

---

kenntniss des wahren Monotheismus bekundet. Die bekannte Stelle im Psalm (145, 13): קרוב ה' לכל קוראיו לכל אשר יקראוהו באמת. „Der Ewige ist nahe allen denen, die Ihn anrufen, nämlich die Ihn in W a h r h e i t anrufen," mag auch in diesem Sinne genommen werden, die Bedingung „in W a h r h e i t anrufen" wäre sonst nicht einleuchtend. Wir werden weiter unten sehen, wie die Kabbalisten diese Sifristelle deuteln.

*) Die Talmudisten, welche die Vorgänge und die sich geltend machenden Meinungen ihrer Zeit anlehnungsweise in die biblischen versetzten und abspiegeln wollten, schrieben dem Könige Manasse folgende Aeusserung zu: „Hat denn Moses nichts besseres zu thun gehabt, als zu schreiben: Und die Schwester des Lotan war Timna, und Timna war die Concubine des Elifas?" (ואחות לוטן תמנע ותמנע היתה פלגש לאליפז), wodurch ihm wahrscheinlich die Meinung vindicirt wird, die Thora allegorisiren zu wollen, wozu ihm dieser bedeutungslos scheinende Vers als Beleg dienen sollte.

Welt ein Werk des Satans, das ganze irdische Leben
ein Abfall von dem Göttlichen und der Tod die er-
wünschte Erlösung wäre. Die Talmudisten hingegen
nannten diese Welt eine Vorhalle zu der ewigen,
tadelten sogar diejenigen, die sich die irdischen Genüsse
und das Aneignen eines Nahrungszweiges gänzlich
versagten oder vernachlässigten, wie aus den bekannten Stellen: על איזה נפש חטא? שצער עצמו מן היין"; „כל תורה
שאין עמה מלאכה סופה בטלה;" „הרבה עשו כר' שמעון בן יוחאי
ולא עלתה בידם", u. dgl. mehr erhellt.

Aus dem bisher Gesagten erhellt zur Genüge, dass
das eigentliche wahre Wesen des Judenthums in Lehre
und Leben nicht getrübt wurde von den fremden, halb
philosophischen, halb mystischen Ansichten, die ein Helldunkel verbreiten in allen Sphären des Denkens und
eine Begriffsverwirrung in Hinsicht der Ausübung nicht
nur der religiösen, sondern auch der moralischen Pflich-
ten; die Welt, alles Irdische wird nach diesen Systemen
so sehr verwerflich, antigöttlich erachtet, dass alle Gesetze des Rechts, der Sittlichkeit und des Anstandes
allen Werth und jede Bedeutung verlieren. Der Geist
des jüdischen Gesetzes, auf dem wir weiter unten zurückkommen werden, bildet jene Lebenskraft, die alles Fremdartige, Anomalische, Schädliche ab- und aussondert*).

---

*) Wir betonten im Texte „das eigentliche Judenthum,"
worunter der gesetzliche, halachische Theil desselben zu
verstehen ist, weil nicht geleugnet werden kann, dass in der
talmudischen Agada, besonders in den älteren Midraschim,
mehrere Stellen sich finden, die offenbar auf jene philosophisch
mystischen Ansichten theils affirmirend theils refutirend an-
spielen, wie dieses Krochmal in seinem מורה נבוכי הזמן ganz
richtig bemerkt. Wir geben hier beispielweise einige dieser
Stellen: ויתעצב אל לבו, משל למלך שבנה פלטין ע"י אדרכל ראה
אותו ולא ערבה לו, על מי יש לו להתרעם, לא על האדרכל? כך ויתעצב

Diesen obigen Behauptungen aber stellt man gewöhnlich den jüdischen Alexandrinismus entgegen, welcher
der Vorläufer des heidnischen Neuplatonismus wie der
christlichen Gnosis sein, und den Beweis liefern soll,
dass gerade die Juden es waren, bei denen jene fremden Ansichten am frühesten Platz gegriffen, und von
dort aus nach allen Seiten sich verbreitet haben.

Allein bei einem etwas tiefern Eindringen in die
Sache wird sich leicht herausstellen, dass eben diese
literärischen Erscheinungen in Alexandrien noch einen
Beleg mehr abgeben, wie wenig der jüdische Boden
empfänglich wäre für derartige exotische Pflanzen, als
oben gedachte Philosopheme.

Der sogenannte jüdische Alexandrinismus ist nichts
weniger als jüdisch. Es mögen die philonischen Schriften
ächt, Philo selbst mag ein frommer Jude, sogar ein
frommer Rabbanite gewesen sein, seine Lehren und seine
Meinungen haben nicht nur im Judenthume keine Wurzel gefasst, keine Secten, keine Schulen gebildet, sondern sie sind nicht einmal mit dem Judenthume in eine

---

אל לבו. אמר ר' אסי משל למלך שעשה סחורה ע"י סרסור, הפסיד,
(Bereschith על מי יש לו להתרעם לא על הסרסור ? כך ויתעצב אל לבו
Rabba c. 27). Hier scheint der Midrasch die Idee auszu-
sprechen, dass die erste Ursache über jede Wirkung und Einwirkung erhaben wäre, Alles durch den Baumeister (אדרכל)
oder Vermittler (סרסר) geschaffen wurde, der der göttliche Gedanke (der νοῦς) לב ist, und der durch die Ver-
derbtheit der Geschöpfe gleichsam geärgert wird. ויתעצב wird
von den obigen Autoritäten als geärgert verstanden, analog
der Stelle: ולא עצבו אביו מימיו (vergl. Ibn Esra z. Stelle,
Genesis 6, 6.). — Der Ausspruch des Rabbi Jochanan Ben
Sakkai, als Rabbi Josua und Andere über מעשה מרכבה Vor-
träge hielten: אתם ותלמידיכם ותלמידי תלמידיכם מזומנים לכת שלישית
(Chagiga 14.), deutet wahrscheinlich auf die gnostische Trichotomie der Hyliker, Psychiker und Pneumatiker; letztere werden unter der כת שלישית verstanden.

Reibung gekommen, sie haben nicht einmal im Judenthume und in der jüdischen Literatur eine Polemik
hervorgerufen.

Auch in Alexandrien selbst scheinen die philonischen Werke keine andere Geltung gehabt, vielleicht
auch keine andere beansprucht, als die einer literärischen Production, mehr für die Griechen als für die
Juden berechnet. Wie liesse sich sonst das gleichgiltige Verhalten,
das gänzliche Stillschweigen der Palästinenser wie des palästinensischen Schrifthumes gegenüber gedachten Schriften, wie gegenüber den Alexandrinern selbst, erklären.
Die Alexandriner wallfahrteten, wie bekannt, oft
nach Jerusalem — Philo selbst that es auch — hatten
dort ihre Bethäuser, die unter den Namen „alexandri-
nische" oder „hellenistische" Bethäuser im Talmud erwähnt werden, standen also mit den Palästinensern in
freundschaftlichen Verhältnissen, was aber schwerlich
der Fall gewesen wäre, wenn die Theorien der philonischen Schriften in Schule und Leben des alexandrinisch-
jüdischen Volkes eingedrungen wären. Schon der dogmatische Theil dieser Schriften bietet des Anstössigen
genug für die Palästinenser, bei denen der Glaube an
das immerwährende unmittelbare Walten und Wirken
des höchsten Wesens alle Fasern ihres Lebens durch-
drang, aber noch weit mehr musste der überwiegende,
hauptsächlichst tendirte ethische Theil derselben, der ein
diametraler Gegensatz der ganzen palästinensischen An-
schauungs- und Lebensweise ist, diesen ein Aergerniss
geben. Philo kannte als den höchsten Zweck des Lebens,
als die einzige Bestimmung des Menschen, respective
des Israeliten, nur den Spiritualismus, das beschauliche
Leben, das Denken und Forschen im Gebiete der reinen
abstracten Ideen; die ganze heilige Schrift, Geschichte,

Sage und Gesetz, musste erst durch Symbolisirung ver-
geistert, d. h. zum Träger cosmogenischer oder pie-
tistischer Lehren werden, um irgend einen Werth zu
haben. Der positive reelle Boden des Gesetzes verschwindet bei Philo unter der Hand, kaum dass er
einen Vorwand findet, die praktische Ausübung der
biblischen Vorschriften zu empfehlen, indem dieselbe
eigentlich der Extase, dem sich Versetzen in die höchsten
Regionen störend in den Weg tretet und wohl für denjenigen, der mit jenen höhern Ideen bereits vertraut
ist, ganz überflüssig sein müssen.

Welch' ein Contrast zwischen derartigen Lehren
und Meinungen, die, wenn sie zur Geltung kämen, wohl
eine nur zu sehr laxe religiöse Praxis herbeiführen
müssten, und denen der Schulen Schammai's und Hil-
lel's, wo jede munitiöse casuistische Frage mit allem
Eifer betrieben und discutirt wurde, wo man jede ge-
ringfügige Abweichung von der festgesetzten Norm gleich
einer Lebensverwirkung ansah כדיי אתה לחוב בעצמך שעברת
(על דברי בית הלל! Wie lässt es sich nun annehmen, dass
bei aller dieser Verschiedenheit in Lehre und Leben,
die wohl nicht gar zu sehr toleranten Palästinenser mit
ihren Antagonisten so ungestörten Umgang pflegten?
Nicht einmal Dispute mit den Alexandrinern kommen
in der rabbinischen Literatur vor, während sie mit aller
Welt stattgefunden haben sollen, mit den Schysmatikern,
mit den Christen und sogar mit den Weisen Athens.
Auch der Alles referirende Josephus, der sogar Manches
von Philo erzählt, meldet kein Wort von einer alexande-
rinischen Schule, welche wahrlich, theoretisch wenigstens,
mehr als der Saducäismus von der pharisäischen ab-
wich. Uns scheint daher, dass die Werke Philo's,
wie noch einiger derartigen Schriftsteller, ausserhalb
eines ganz kleinen Zirkels von Gelehrten keinen Ein-

gang gefunden, geschweige dass sie auf die Denkungs-
und Handlungsweise des Volkes nicht influirt haben,
dass dieses vielmehr dem Muttertempel und den Lehren
der sich dort befindenden Autoritäten treu und anhäng-
lich blieb, obwohl viele unter demselben, wahrscheinlich
ihres höhern Bildungsgrades und der Entfernung vom
Mutterlande halber, manches eigenthümlich Nationale,
vielleicht auch manche Observanz vernachlässigt haben.

Es sei dem aber wie ihm wolle, das steht fest, dass
am eigentlichen Sitze des Judenthums in Palästina von
Ideen in philonischem Geiste nicht die mindeste Notiz
genommen wurde. Ausdrücke wie מימרא דה' und יקרי' דה',
die sich im babylonischen Targum finden, sind nichts
weniger als Andeutungen auf den Logos, sondern einfache aramäische Uebersetzungen der hebräischen דבר ה'
und כבור ה', die da supplirt wurden, wo solche im Texte
fehlen und der Namen Gottes allein sich befindet, wo
einem krassen Antropomorphismus ausgewichen werden
soll, was bereits Maimonides (More Neb. I. 27.) hervorgehoben hat.

Ein ganz anderes Bewandtniss aber hat es mit der
Kabbala; hier sind unstreitig jene fremden Elemente tief
eingedrungen und bilden einen integrirenden Theil dieser
Lehre. Es sind nicht nur viele allegorische Termina
aus jenen Systemen, denen wir hier begegnen, als:
„Urmensch" (אדם קדמון), „Vater und Mutter" (אבא ואמא),
„unendliches Licht" (אור אין סוף), „Copulation, Schwangerschaft und Geburt" (זיוג עיבור לידה), „Weltenabstufungen"
(השתלשלות העולמות), „zerstreute Lichtfunken" (נצוצות קדושות
המפוזרות) und viele andere, sondern mehrere Hauptprincipien derselben, die hier unzweideutig einverleibt
wurden. Manche sind, mit mehr oder weniger Modification, wie jener Philosopheme auch der ganzen Kabbala
Grundpfeiler, manche werden nur von einem Theil der

Kabbalisten adoptirt. Die Transscendenz der ersten Ursache; das Wirken vermittelnder Kräfte bei der Weltschöpfung wie bei der Erhaltung und Ordnung in derselben; der natürliche Entwickelungsprocess im Universum*); die Existsnz einer ersten Wirkung, die von der ersten Ursache nur in so fern verschieden ist, als diese eine Ursache, jene aber eine Wirkung wäre, wie auch die Trichotomie in gnostischem Sinne (בינונים, צדיקים, צדיקים גמורים), gehören zu den ersteren und werden fast von allen Kabbalisten als Basis der Lehre angenommen. Gegenstände der Controverse hingegen sind unter den Kabbalisten: ob die erste Wirkung in der Zeit geschaffen, oder eben so urewig wie die erste Ursache sei, wie auch: ob die erste Ursache verschieden von dem Weltschöpfer — der zugleich Gesetzgeber und derjenige ist, an den der Gottesdienst gerichtet wird — wäre. Diese Meinungsverschiedenheit ist in der Divergenz der Ansichten begründet, welche über die Definition der von allen Parteien im Allgemeinen adoptirten Transcendenz der ersten Ursache herrscht. Die Einen glauben, die erste Ursache wäre zwar in ihrer absoluten Einfachheit zu erhaben, um mit dem Universum in unmittelbare Berührung zu kommen, konnte selbst nur ein rein geistiges, einfaches Wesen hervorbringen, allein mittelst diesem und den vielen Abstufungen verrichtete und verrichtet dieselbe alle Geschehnisse; während die Anderen mit mehr Consequenz behaupten: der ersten Ursache sei alle und jede

---

*) Gewöhnlich wird dieser Process „Emanation" genannt, welchen Ausdruck wir aber absichtlich vermieden, weil die Kabbalisten eben so wenig wie die Neuplatoniker eine immanente Emanation annehmen, welche beide Systeme als einen Antropomorphismus erachten, sondern eine graduelle dynamische Abstufung.

Relation mit irgend einem Geschaffenen absolut ab-
zusprechen; eine Schöpfung kann als s o l c h e nur in
der Zeit geschehen, muss eine Veränderung, einen
Uebergang beim Schöpfer veranlassen, wie auch jede
Relation gegenseitig ist, welches alles von der ersten
Ursache entfernt werden muss, wesshalb auch jedes
Wirken und Wissen nur der ersten W i r k u n g zu
vindiciren wäre. *) Letzterer Meinung hat sich, wie
aus obiger Darstellung seines Systems ersichtlich ist,
Eibenschütz angeschlossen und gegen alle Anfechtungen
vertheidigt.

---

*) Rabbi Josef Ergos (שומר אמונים .II) sagt: ‏דע כי דבר‎„
‏זה הוא מחלוקת בין המקובלים, כת יש של קודמין, כי רבים מהם כתבו‎
‏שהכתר אין לו התחלה, אלא הוא קדמון כקדמות האין סוף והוא‎
‏מתאחד עם האין סוף ולבוש אליו ונקרא שמו של הא"ס ואסמכוה‎
‏אמה דאיתא בפרקי דר' אליעזר: "עד שלא נברא העולם היה הוא ושמו‎
‏לבד", פי' הוא הא"ס ושמו הכתר, וכתר לאו דוקא אלא כונתם על העלול‎
‏הראשון וכו' וה"ר מנחם עזרי' ז"ל קראו בשם רצון וכו'. והנה ה"רמ‎
‏קארדווירא שם בפרדס הנם דכתב דבעלי סברא זו המה בעלי תרסין מ"מ‎
‏כתב שאין ראוי להאמינו וכו'.‎"
Und ferner sagt derselbe: ‏ידוע ליהוי לך כי כמו שנהלקו‎„
‏חכמי המחקר על מניע הגלגל הראשון העליון אם הוא אלוקי עצמו או‎
‏אם הוא עלול ממנו כן נולד זה המחלוקת בין המקובלים על המניע‎
‏הספירות ומתלבש בהם כנשמה בגוף כי לפי דברי ר' משה קארדווירה‎
‏ודעמי' המניע הראשון הוא האלוה עצמו מחויב המציאות ולפי דברי הר"מ‎
‏עזרי' ז"ל ודעמי' אינו האלוה עצמו כי אם עלול ממנו דהיינו רצונו.‎"
Oben citirter Kabbalist Rabbi Menachem Esaria drückt
sich in Bezug auf den Gottesdienst, an wen derselbe gerichtet
werden soll, folgendermassen aus: ‏אל הרוצה הוא אסור גמור‎
‏לומר לו ברוך אפילו שתתפרשהו מקור הברכות, כי גם זה צודק רק ברצון‎
‏לבד (מאה קשיטה).‎
Ferner: ‏וכבר ידעתי כי שם העצם אנו מפרשים שם לעצם‎
‏ההנהגה לא לעצם האלוה ועם זה מבואר כי מגן אברהם מחיה מתים‎
‏האל הקדוש וכל חותמי הברכות בתפלה ובברכת הנהנין והמצות כולם‎
‏תוארים להשם הנכבד הזה והוא והם משופעים מבעל הרצון.‎
Und ferner: ‏כי אין אנו רשאין ליחם תואר סבה למעלה‎
‏מרצונו אלא בשתוף רצונו שהוא המתואר בסבת כל הסבות וכל כיוצא‎
‏בזה, והאמת שהוא ורצונו אחד. (פלח הרמון‎, 4 ,IV)
5*

Dagegen behaupten sämmtliche Kabbalisten in
Betreff des ethischen Punktes eine gewisse Selbstständigkeit, und haben die Ansichten jener fremden Systeme
in dieser Hinsicht nur mit Vorbehalt und bedeutender
Modification zu den ihrigen gemacht. Das gewöhnliche
weltliche Leben ist nach ihnen keineswegs ein absolut verwerfliches, vielmehr, nach den Vorschriften der
Thora geregelt, ein der menschlichen Bestimmung entsprechendes; die praktische Ausübung des Gesetzes ist
nach denselben conditio sine qua non zur Erlangung der Seligkeit, die erste nicht zu umgehende
Stufe zur Erreichung des höhern und höchsten Zieles,
nämlich zur Vereinigung mit dem allgemeinen Geiste.
Die Kabbalisten adoptiren auch den Unterschied zwischen den Hylikern 'υλυκοι die sie בינונים, den Psychikern ψυχικοι die sie צדיקים — schlechtweg — und
den Pneumatikern πνευματικοι die sie צדיקים גמורים nennen
— worüber im zweiten Hefte ausführliches —; allein
mit der wesentlichen Differenz, dass selbst die
Pneumatiker den psychischen, zum Theil sogar den
hylischen Standpunkt nicht verlassen dürfen, sich nicht
in die bodenlose Geisterwelt verlieren, in rein abstracten
Regionen herumirren, sondern mittelst und mit dem
festen Boden des religiösen Wortes und der religiösen
That durch Begeisterung und Vergeisterung sich zum
Göttlichen emporschwingen, sich mit dem Göttlichen
gleichsam identificiren. בחד קטורא אתקטרנא ביה sagte —
heisst es — רשב״י. Das Sich-Unterordnen unter den
göttlichen Willen, das Leben und Handeln nach den
im göttlichen Urplane festgesetzten Normen, das ehrfurchtsvolle und zugleich freudige Gefühl — דחילו ורחימו
— und Bewusstsein, durch diese Handlungen sich der
Gottheit zu nähern, wie auch — was wiederum im
Neuplatonismus seinen Anhaltspunkt hat — das Sym-

pathetische der diesen Vorschriften innewohnenden Kraft, bringen diese geistige Erhebung hervor.

Der beschränkte Kreis dieses ersten Heftes, hauptsächlich bestimmt nur das Eibenschütz'sche System zu beleuchten, gestattet nicht, hier alle übereinstimmenden und auseinandergehenden Punkte der Kabbala mit jenen mehrmals gedachten fremden Ideen zu besprechen, und wir begnügen uns daher mit dem bisher Gesagten, insofern die Parallele schon in den Resultaten unseres Manuscriptes zur Genüge angedeutet sind, die Vervollständigung den nachfolgenden Heften vorbehaltend, und kehren wieder zu dem früher Angeregten zurück.

Es drängen sich nämlich nach den bisherigen Auseinandersetzungen folgende Fragen von selbst auf: Wenn das Judenthum eine so lange Zeit sich beharrlich von dem Einfluss der in Rede stehenden Ideen fern gehalten, und zwar in einer Periode, in welcher fast die ganze Aussenwelt von derselben afficirt wurde, durch welche innere oder äussere Ursachen hat dasselbe sich in späterer Zeit (genau hat die Kritik selbe noch nicht ermittelt) ihm in Form der Kabbala ergeben und welche Umgestaltung hat das Judenthum dadurch erfahren?

Zur Lösung dieser Fragen ist es nothwendig, auf die besondere Eigenthümlichkeit des Judenthums, welche das Bollwerk gegenüber den fremden Eindringlingen gebildet, zurückzukommen. Es ist dieses nämlich die in demselben bei weitem überwiegende praktische Richtung. Der Monotheismus ist wohl die Basis des ganzen Judenthums, das Panier der Judenheit, für welches sie zu allen Zeiten alle Güter des Lebens, wie nicht selten dieses selbst bereitwillig geopfert hat, aber er ist hier

weder ein herzusagendes Bekenntniss, noch eine These
zur Reflexion, nicht einmal ein erst zu glaubendes
Dogma, sondern ein vorausgesetztes Axiom, ein Postu-
lat der praktischen Vernunft, welches die Moral und
die Gesetzgebung ermöglicht und berechtigt. Es ist
aber auch nur d i e s e Seite in ihm, welche seine F u n-
d a m e n t a l i t ä t bedingt, die weitere Begriffsentwickelung.
des Monotheismus aber, die Lösung der in dieser alles
umfassenden Idee involvirten Probleme, wurden der
freien wissenschaftlichen Forschung überlassen, deren
Resultate für das Judenthum gleichgültig sind, insofern
sie nur nicht mit der Grundidee, im allgemeinen Sinne des
Wortes genommen, collidiren und wenn sie nicht die zu
deren Erhaltung statuirten Vorschriften negativer Art —
als die strengen Verbote der Verfertigung und Anbetung
der Bilder, wie überhaupt alles sonstigen ausser dem ewigen Gotte — oder den überwiegenden gesetzlichen Charakter des Judenthums aufheben, oder beeinträchtigen*).

Dieses ist die leicht begreifliche Ursache, dass die
Juden sich gegenüber den gedachten Philosophemen in-
different verhielten; die speculativen theoretischen Lehren
derselben, welche sie, wie gesagt, überhaupt als Luxus-
artikel betrachten, bestrebteten sie sich um so weniger
anzueignen, als selbe jedenfalls nicht ganz ihrem gewöhnlichen Begriff von dem Einzig-Einigen entsprechen

---

*) Siehe Mendelssohn's „Jerusalem oder die religiöse Macht
und das Judenthum," wie auch unsere Schrift: „Beitrag zur
Würdigung der Wirren im Judenthume (Leipzig 1845)." Zwar
meint ein Correspondent in „Ben Chananja," es wäre dieses
ein bereits überwundener Standpunkt; dieser gute Mann aber
vergass zufällig anzugeben, wer ihn überwunden hat, und auf
welche Weise er überwunden wurde. So lange dieses nicht
geschieht, halten wir diesen Standpunkt für einen grundfesten,
unerschütterlichen.

und als das mystische Helldunkel, das in denselben vorherrscht, ihrem, an Gesetzstudium gewöhnten, nüchternen, verständigen Sinn nicht gut zusagte. Dagegen waren diese fremden ethischen Lehren so antijüdisch, so sehr der jüdischen Praxis entgegengesetzt, dass die Juden dieselben nicht nur keineswegs adoptiren konnten, sondern sie als ganz heterogen nicht einmal für das Judenthum als bedrohlich erachteten. Der Neuplatonismus begründet geradezu den Götzendienst; nach dem Gnosticismus verlor das jüdische Gesetz durch den idealistisch-apotheosirten Christus seine ganze Geltung, und selbst in dem sogenannten jüdischen Alexandrinismus wurde, wie bereits besprochen, das Gesetz verflüchtigt, in Dunst verwandelt, und bildet derselbe sogar hie und da eine Brücke für den Uebergang zum Paganismus.*) Solche ganz fremdartige Elemente haben gar keine Berührungs-Punkte mit dem Judenthume, um in dasselbe befruchtend oder zerstörend einzudringen.

Sind aber auch alle Pfeile der religiös-mystischen Philosopheme vom eisenfesten Kern des Judenthums abgeprallt, so war dieses bei denen der destructiven, vieles in Frage stellenden, aber streng logisch consequenten, aristotelischen Philosophie weniger der Fall; hier zeigte sich das Judenthum minder spröde. Die Schärfe der Beweisführung, die Folgerichtigkeit der Schlüsse, die Klarheit und Verständigkeit der Diction dieser Philosophie konnte auf die jüdischen, an scharf-

---

*) Philo's Erklärung der Stelle im Pentateuch (Exodus 22, 27.) אלהים לא תקלל : „Du sollst keinen fremden Gott geringachten," kommt weniger her aus philosophischer Toleranz gegen jeden Glauben, als aus der ihm selbst unbewussten Consequenz seines Systemes, dessen „Mittelkräfte" nur der Namen „Götter" fehlt, um in's Heidenthum hinüberzustreifen.

sinnigen Geistesübungen gewöhnten Köpfe nicht ganz
wirkungslos bleiben. Als daher in der Mitte des geo-
näischen Zeitalters die wissenschaftliche Forschung, besonders im arabischen Reiche, wieder auftauchte, die
aristotelische Philosophie zur Herrschaft gelang, sich
auch der jüdischen Autoritäten bemächtigte, und hie und
da im Volke, besonders bei den Halb- und Aftergebil-
deten eine Bresche zu schlagen anfing, da erregte dieses
ernste Besorgnisse der gelehrten und frommen Männer
und man sann auf alle mögliche Mittel, man ging mit
allem Eifer daran, diesem das ganze Judenthum be-
drohende Uebel kräftig entgegen zu wirken. Die Einen, —
wie Rabbi Jehuda Halevy — traten in offenen Kampf
mit der Philosophie überhaupt, die Andern, — wie Rabbi
Saadia Gaon, Maimonides — suchten Judenthum und
Philosophie auszusöhnen, oder sie gar als zwei cohärirende
himmlische Gaben, die sich gegenseitig ergänzen, darzustellen, natürlich nicht selten auf Kosten beider, denen
man so zu sagen gewisse Concessionen abrang.

Allein beide ergriffenen Mittel zeigten sich nicht ganz
hinreichend, die drohende Gefahr vollständig abzuwenden ;
das eine schien zu schwach, das andere zu riscant zu
sein. Die schönen phantasiereichen Gebilde des Rabbi
Jehuda Halevy u. dgl., so erhebend, ja bezaubernd sie
auch waren für manche poetische Seele, für manches
gefühlvolle Gemüth, den nüchternen Köpfen boten sie
doch kein Aequivalent für jene auf ihre angebliche Evidenz pochenden Schlüsse und Demonstrationen der Peri-
patetiker. Diese aber — wie die Andern thaten —
dem Judenthume anpassen oder gar sie in diesem finden
zu wollen, konnte bei allem Scharfsinn wohl nur in
Betreff des dogmatischen Theiles gelingen, der geschichtliche und gesetzliche Theil hingegen hat eher von jener
trockenen Verständigkeit Angriffe zu befürchten, als

eine Legitimation zu hoffen. Die grosse Masse im Volke
besonders konnten Erklärungen wie die maimonidischen
in Bezug auf Opfer u. dgl. nicht befriedigen. Von der
negirenden Seite derselben weht sie der kalte Wind
des Zweiflens an, während sie nicht reif genug ist, den
positiven Kern gehörig zu begreifen, in sich aufzu-
nehmen, sich an demselben zu erwärmen und zu erstarken. Scharfsinn und Schwärmerei finden weit leichter
überall Eingang und Approbation, als naturwüchsige
Vernünftigkeit; eben ihrer Naturwüchsigkeit halber
scheint sie den minder Gereiften fade, seicht, wässerig.
Dieses war aller Wahrscheinlichkeit nach die Ursache, dass wissenschaftlich gebildete fromme Männer
einen eigenen Weg eingeschlagen, das Judenthum auf
ihre Weise zu befestigen, und sogar zu regeneriren,
wozu ihnen jene mystische Philosophien als Basis und
Fundament dienten.*) Dieselben bieten dem Kopfe
durch ihren wissenschaftlichen, mitunter scharfsinnigen
Ausgangspunkt, wie dem Gemüthe und der Einbildungskraft durch deren kühne aus- und abschwei-
fende, aber mit einem scheinbaren Colorit der Consequenz übertünchte theosophisch-phantastische Folgerungen und Resultate, Nahrung und Befriedigung. Auf der
einen Seite werden alle zweifelerregenden Fragen, alle
antireligiösen Behauptungen der frühern Philosophien

---

*) Herr Dr. Grätz meint, wie er mir mündlich mit-
theilte, das Auftreten der Albigenser in Frankreich im zwölf-
ten Jahrhundert, welches jene mystische Philosophie wieder
heraufbeschworen hat, wäre Veranlassung, dass die Kabbalisten sich derselben bemächtigt haben. Rabbi Moses de
Lyon, der bekannte Editor oder Verfasser des Buches „Sohar,“
war Spanier und hauptsächlicher Begründer der Kabbala. Er
lebte zu einer Zeit, in der genannte Secte oder deren Nach-
treter — Waldenser etc. — noch im Schwunge waren.

gehoben; andererseits war es ein leichtes nach jener
nicht so streng an die Folgerichtigkeit, an die Klärung
des Begriffes sich haltenden Methode des Schliessens
und Philosophirens das positive Judenthum förmlich zu
demonstriren. Das mystische Helldunkel machte manche
Lücke, manchen Widerspruch unsichtbar.

In dieser Umgestaltung und Umkleidung nahm die
Judenheit um so weniger Anstand, die von ihr bis jetzt
so beharrlich zurückgewiesenen Philosopheme aufzu-
nehmen, als dieselben den praktischen und gesetzlichen
Theil des Judenthums nicht nur nicht beeinträchtigen,
sondern in gewisser Hinsicht noch mehr befestigen, ihm
ein wissenschaftliches Colorit, eine Herz und Phantasie
erhebende und begeisternde Gesinnung verliehen haben,
und als damals der Ursprung dieser Philosophien bereits
sehr wenig bekannt war und man ihn dem Judenthume
leicht vindiciren konnte. Uebrigens behaupten manche
jüdische Philosophen und Mystiker, die in der Fremde
sich findenden, dem Judenthume homogenen Ideen wären
aus diesem, wo selbe unter der Elite als Mysterien besonders Befähigten und Erkorenen gelehrt wurde, ent-
nommen.*) Der bald nach dem Auftauchen der Kabbala
als förmliche systematische Lehre fast überall einge-
tretene Verfall der Wissenschaften trug auch dazu bei,
dass dieselbe ohne Anstand und gelehrte Polemik sich
verbreiten konnte.

Es ist aber auch nicht zu leugnen, und man muss
dieser Lehre die Gerechtigkeit wiederfahren lassen, dass
sie in der That viel Gutes gestiftet und, wie Alles in
der Welt, ein brauchbares Instrument in der Hand der
Vorsehung wurde zur Erhaltung des Judenthums. In

---

*) Siehe „More Nebuchim" (II, 11.) und das Buch
„Cusari" des Rabbi Jehuda Halevy (II, 65.).

einer Zeit, in welcher den Menschen jene vernünftige
wissenschaftliche Anschauung fehlte, das Erhabene, Tiefe,
Glückseligkeit und Seligkeit Bringende in den Formen
des jüdischen Gesetzes zu erkennen, war es diese Lehre,
welche in dieselben eine gewisse Lebensfrische, einen
gewissen Geist, wenn auch anderer Art als der der
reinen Vernunft, einhauchte, und manchen Halbwisser, der
sonst denselben gewiss den Rücken gewendet hätte, haben
die ihnen von der Kabbala vindicirten Bedeutungen, eben
ihrer phantasmagorischen Natur halber, so angezogen,
dass sie dieselben mit Lust, Liebe und Begeisterung
umfassten. Aus obiger, wenn auch gedrängter Darstellung der kabbalistischen Theorien erhellt schon zur
Genüge, mit welcher, man kann sagen Genialität dieselben sich bestreben, das jüdische Gesetz zu legitimiren,
Weltall und Thora aus einem Gusse gleichsam zu construiren und dem Menschen begreiflich zu machen, von
seinem Befolgen oder Nichtbefolgen des Gesetzes hänge
der Bestand oder Untergang ganzer Weltcomplexe ab.

Aber auch die Schattenseite dieser Lehre, die schäd-
lichen Elemente, welche sie in sich birgt, sind nicht
zu unterschätzen und dürfen jetzt um so weniger mit
Stillschweigen übergangen werden, als bei der Verall-
gemeinerung der Wissenschaften überhaupt und der
Wissenschaftlichkeit im Judenthume insbesondere, dieselbe von mancher Seite dazu benützt werden kann, —
was auch schon hie und da geschah — aus ihr gerade
ganz entgegengesetzte Resultate heraus zu demonstriren, als diejenigen, welche die Kabbalisten beabsichtigt haben. Die auf die Spitze getriebene Ttanscendenz
kann einerseits zum völligen Leugnen an die Providenz
verleiten, andererseits wird der reine Monotheismus unstreitig getrübt durch die eben aus dieser Transcendenz
gefolgerten Statuirung einer der ersten U r s a c h e fast

ebenbürtigen, mit ihr identificirten ersten W i r k u n g;
eine Statuirung, die um so mehr in ein ganz anderes
Feld, wo eine derartige Idendificirung zum Dogma erhoben wurde, hinüberstreifen kann, als man gerade
dieser ersten Wirkung alle Thätigkeit und das an sie
Richten des Gottesdienstes vindicirt hat.

Es ist merkwürdig, wie Eibenschütz in seiner Begeisterung und im frommen Glauben, die Idee von der
Existenz dieser ersten Wirkuug, die er אלקי ישראל nennt,
wäre auf jüdischem Boden mittelst Inspiration entstanden
und durch Tradition erhalten, triumphirend ausruft:
„Womit sonst als mit dieser Erkenntniss der ersten
W i r k u n g unterscheiden wir uns von den anderen Völkern der Erde, unter denen auch viele die erste U r -
s a c h e erkannt haben?" Eibenschütz ahnte nicht, dass
die Gnostiker, diese Idee nach ihrer Anschauungsweise
adoptirend, aus derselben gerade einen entgegengesetzten
Schluss gezogen haben; dieselben behaupten nämlich,
den Juden war n u r die erste W i r k u n g bekannt, nicht
aber die erste U r s a c h e, welche Erkenntniss der letztern ein besonderer Vorzug der Christen wäre.
Freilich stimmt hierin Eibenschütz nicht ein, behauptet
vielmehr, das jüdische Volk kannte die erste Ursache
seit Abraham, nur Moses machte es a u c h mit der
ersten W i r k u n g bekannt; nichtsdestoweniger aber bezieht sich, wie bereits erwähnt, nach ihm, — ganz wie
nach den Gnostikern — der Vers (Exod. 20, 3.): אנכי
ה' אלקיך אשר הוצאתיך מארץ מצרים מבית עבדים „Ich bin der
Ewige dein Gott, der dich aus dem Lande Mizraim, dem
Sclavenhaus, herausgezogen hat," wie überall, wo in der
heiligen Schrift von Gott und dessen Offenbarung die
Rede ist, nur auf die erste Wirkung, wozu er als
Beweis anführt, dass nirgendwo in der heiligen Schrift
der Ausdruck „erste Ursache" (סבה ראשונה) vorkömmt;

ein Beweis, der kaum einer Entgegnung bedarf. Wohl bedient sich die heilige Schrift nicht des philosophischen Ausdruckes „die erste Ursache," um so deutlicher aber stellt sich aus ihrer Schilderung des Einzig-Einigen, des Gottes Israels, der zugleich der Gott der Welt ist, heraus, dass derselbe die einzige, alleinige, unmittelbare Ursache alles Gewesenen, Daseienden und je zu Entstehenden ist.

Nicht nur aber in dogmatischer, auch in praktischer Hinsicht involvirt diese Lehre Elemente, aus denen sich sehr verderbliche Folgerungen ziehen lassen. Nach dieser Lehre ist nicht das Recht, nicht die moralische Ordnung in dieser Welt, nicht das Wohlergehen, die Glückseligkeit des Einzelnen die Tendenz des jüdischen Gesetzes, sondern alle seine Vorschriften haben nur ein und denselben Zweck, nämlich die Identificirung aller oben gedachten Mittelkräfte untereinender, wie mit der ersten Wirkung und sogar mit der ersten Ursache, die durch die Ausübung und Befolgung derselben erfolgt, יחודא עילאה ויחורא תתאה. Moral, Sittlichkeit, Tugend und Recht haben also keinen eigenen selbstständigen Werth, sind auch nur Mittel zur Vollbringung dieser Identificirung und haben auch nur als solche Bedeutung für den Menschen oder Israeliten.

Wie leicht aber kann diese Ansicht nicht zur Geringschätzung, sogar zur Vernachlässigung aller Gebote der Moral und des Rechtes führen, und um so mehr als das menschliche Herz zur Uebertretung dieser Gebote nur zu sehr geneigt ist. Leidenschaft und Habgier spiegeln einem nur zu leicht vor: die anzustrebende Identificirung kann wohl auf eine nicht so schweren Kampf erfordernde Weise erzielt werden, als durch stricte Beobachtung des Zeremonialgesetzes, hauptsächlich aber durch Herz und Phantasie erhebende und begeisternde Gebete, Lobgesänge und das Sich-Absorbiren in's schwärmerische Nachdenken über die höchsten und allerhöchsten Regionen. Die Welt und ihre Verhältnisse sind einmal nach dieser Lehre nicht S e l b s t-zweck, und man kann es schon mit den Gesetzen diese betreffend minder genau nehmen, wenn dieselben im Wege stehen und hinderlich sind, Mittel und Kräfte zu erwerben oder zu erhalten, die zum eigentlichen Dienste Gottes unentbehrlich sind. Es beschleicht oft sogar Manchen ein Zweifel, ob solche nichtswürdige irdische Dinge, wie Geld und andere, die die Moral betreffen, auf die hohen Regionen influiren können. Ja selbst der Einfluss der Zeremonialgesetze tritt bei Manchen in Hintergrund gegenüber Andacht, theosophischer Begeisterung und einem beschaulichen Leben.

Wie bekannt, hat auch wirklich die Secte der Sabbataizwianer aus dieser Lehre Consequenzen gezogen, die keine geringere Tendenz hatten, als die Auflösung des praktischen, moralischen wie jüdischen Gesetzes überhaupt. Dieselben, oder wenigstens ein Theil derselben, trieben, wie aus den Schriften J a c o b S a p o r t e s und J a c o b E m d e n s zu ersehen ist, den grössten Unfug und führten eine tolle Wirthschaft, welche allen Gesetzen der Sittlichkeit und Keuschheit Hohn sprachen.*) Dass

---

*) Auch in dieser verderblichen Richtung gingen einige Gnostiker mit dem bösen Beispiele voran. Wir heben hier einige, derartige Grundsätze enthaltenden und motivirenden Stellen mancher gnostischen Lehrer, wie sie bei Clemens von Alexandrien und Irenäus von Lyon citirt wurden, hervor. So lehrt der Gnostiker K a r p o k r a t e s Folgendes: „Die Gnosis besteht in der Erkenntniss eines höchsten Urwesens, der höchsten Einheit, von der alles Dasein geflossen, und zu der alles Dasein zurückstrebe γνωσις μοναδικη. Die beschränkten Geister, welche über die einzelnen Theile der Erde herrschen,

diese Secte sich wenig Gewissen daraus machen konnte,
zu einer andern Confession zu übergehen, wird aus obigen
Andeutungen leicht begreiflich.

Der richtige Instinct der Judenheit bewahrte sich
auch bei Gelegenheit des Auftauchens dieser Secte. Obwohl dieselbe anfangs öffentlich die grösste Frömmigkeit an den Tag legte, von allen weltlichen Geschäften

---

suchen diesem allgemeinen Streben nach Einheit entgegen zu
wirken, von ihren Einflüssen, ihren Gesetzen und Einrichtungen rührt alles Beschränkende her, alles was die ursprüngliche, in der Natur, als der Offenbarung jener höchsten Einheit, begründete Gemeinschaft stört und hemmt. Diejenigen
Seelen aber, welche durch die Reminescenz aus dem
höhern Zustande zur Betrachtung jener höchsten Einheit
sich emporschwingen, gelangen zur wahren Freiheit und Ruhe,
welche durch nichts mehr beschränkt und gestört werden
kann u. s. w." Ferner docirt derselbe: „Die Hauptsache ist,
die Versenkung des Geistes in die Ureinheit; alles Aeussere
sei ganz gleichgiltig. Wer in dem Aeusserlichen eine sittliche
Bedeutung sucht, macht sich von demselben abhängig und
bleibt der Herrschaft der Weltgeister, von denen alle religiösen,
moralischen und politischen Ordnungen herrühren, unterworfen.
Er könne sich nach dem Todte nicht aus dem Kreislaufe
der Metempsychose erheben. Wer aber allen Lüsten sich
hingibt, ohne dadurch afficirt zu werden, und so
den Gesetzen jener Weltgeister trotzt, der erhebt sich nach
dem Todte zur Einheit mit dem Ureinen." Der Sohn
des gedachten Lehrers, Namens Epiphanes, docirte auch in
diesem Sinne: „Die ganze Natur, sagte er, offenbart das
Streben nach Einheit und Gemeinschaft, die Gesetze der
Menschen, welche dieser Natur zuwider wären und doch den
von dem Schöpfer selbst der menschlichen Natur eingepflanzten
Begierden nicht widerstehen können, hatten erst die Sünde
hervorgebracht u. s. w." Und doch galt dieser Epiphanes
merkwürdiger Weise als ein Heiliger, und wurde vom Volke
fast göttlich verehrt. Freilich hat der grösste Theil der
Gnostiker, der im Gegensatze Ascetik lehrte und ascetisch
lebte, jene Lehren verdammt.

sich zurückziehend, nur mit Busse, Gebet, Hymnenab-
singen und dem Studium des Buches „Sohar", — das
damals allgemein als vom Tanaiten Rabbi Simon
ben Jochai verfasst und für heilig gegolten hat, —
ihre Zeit ausfüllte, fühlte dennoch der grösste Theil
der Judenheit das in dieser Richtung verborgene Gift
heraus und überall, wo sich Glieder dieser Secte be-
merkbar machten, wurden sie mittelst des Einschreitens
der jüdischen Gemeinde durch weltliche Macht unter-
stützt zum förmlichen Austreten aus dem Judenthume
gezwungen.

Es war aber, wie gesagt, diese Furcht vor gedachter Secte und deren Richtung nur ein instinctartiges
Gefühl, nur eine Ahnung, dass eine derartige Gebahrung nicht nur keine jüdische, sondern sogar eine dem
Judenthume gefahrdrohende sei, das ganze System
derselben scheint selbst den gelehrten Gegnern nicht
bekannt gewesen zu sein, wie noch weniger, dass es
die Kabbala wäre, aus der man solche verderblichen
Consequenzen folgerecht ziehen könne. *) Nur dem kritischen Geiste Emdens konnte letzteres nicht gänzlich
entgehen; Er fühlte, dass ein gewisser Zusammenhang
zwischen der Kabbala und selbst den Ausartungen der

---

*) In dem neulich erschienenen Buche יהונתן חיי (Prag
1860) wird jedoch erzählt: „Jemand fragte einen bekannten
jüdischen Gelehrten, der gegen die Exsabbataizwianer sehr
misstrauisch war: Was haben Sie wider Herrn X.? Er ist mein
Nachbar, ich habe Gelegenheit ihn immer zu beobachten und
kann ihm bezeugen, dass er alle jüdischen Observanzen pünkt-
lich erfüllt? Ja mein Kind, antwortete der Gefragte, er thut
alles wie wir, aber an den Einzig-Einigen glaubt er nicht wie
wir. Im Herzen glaubt er an noch Einen ausser dem Einzig-
Einigen." — Dieser Mann scheint von der kabbalistischen
Idee von der ersten Wirkung gewusst und sie verpönt zu
haben.

Sabbataizwijaner vorhanden wäre, ohne diesen Berührungspunkt deutlich herausfinden zu können. Die Systeme des Neuplatonismus und der Gnostiker waren in ihrem ganzen Umfange ihm, wie fast allen seinen Zeitgenossen, nicht bekannt, wie er auch bei allem formalen Wissen nicht in die Grundprincipien der Kabbala wissenschaftlich eingedrungen ist. Ihm war diese Lehre ein von seinen eben so sehr gelehrten als gottesfürchtigen, allgemein hochgeschätzten Eltern und Lehrern übernommenes so theures Vermächtniss, dass sein ganzes pietistisches Gefühl sich gegen den Gedanken empören musste, an ihre Wahrheit und Heiligkeit zu zweifeln oder in ihr gar die Drachensaat des Ketzerthums zu vermuthen. Deshalb wühlte in seinem Innern ein harter, heisser Kampf. Einerseits hielt er es für eine heilige Pflicht, das Judenthum gegen alle Eventualitäten zu sichern, selbst auf Kosten seiner Herzensneigung, selbst wenn die Kabbala dadurch in Misscredit kommen sollte, andererseits that es ihm, wie gesagt, sehr weh, mit so vielen von ihm hochverehrten Vorfahren und Autoritäten in directen Widerspruch zu treten, und um so mehr als ihm der vortheilhafte Einfluss der Kabbala, die Gemüther für die religiöse Praxis zu entflammen, bekannt war und ihm diese Lehre daher um so werthvoller machte, wie ihm auch deren Betung und Nothwendigkeit als Waffe gegen die hier und da schon damals in manchen Gegenden zum Vorschein kommenden Uebergriffe der nüchternen Philosophie ein besonderer Hebel wurde, ihre Autorität aufrecht zu erhalten. Dieser Kampf malt sich so deutlich in seiner Schrift מטפחת הספרים ab; indem er der Pflicht zu genügen, mit kritischer Evidenz die späte Abfassung und die verderblichen Einschiebsel des Buches Sohar — welches mit Recht die Bibel oder

der Talmud der Kabbala genannt wird — nachgewiesen und dadurch die Grundfeste der Kabbala erschüt-
tert, will er den Glauben an ihre Wahrheit und Heiligkeit durch feierliche Schwüre und Betheuerungen
erhalten wie sich wenigstens an ihre vermeint-
lichen Hauptgegenerin, die Philosophie, rächen,
welche er gleichzeitig mit unzähligen Invectiven über-
schüttet. Er ging in seinem Eifer so weit, dem unstreitig vorzüglichsten nachtalmudischen Werke, dem „More
Nebuchim“, die Autorschaft des Maimonides ab-
zusprechen, um den in demselben ausgesprochenen hel-
len Ideen einen so anerkannten Gewährsmann zu entziehen, jedoch konnte er sein besseres kritisches Gefühl
nicht ganz verläugnen und lenkte bald, nachdem er
diese paradoxen Behauptungen ausgesprocben, wieder
ein, indem er die mehreren Aehnlichkeiten in Denk- und
Darstellungsweise in dem „More Nebuchim“ und dem
יד החזקה von Maimonides hervorhebt, wie auch dass im
letztern sich viele noch anstössigere Stellen als
im erstern finden.

Nach den obigen Auseinandersetzungen braucht
wohl der so sehr enragirte Kampf gegen Eibenschütz
nicht erst motivirt und nachgewiesen zu werden, dass
er nicht aus Neid, sondern aus wahrer Frömmigkeit und
Fürsorge für das Judenthum (לשם שמים) unternommen
und geführt wurde, dass aber nichtsdestoweniger Eibenschütz nicht nur unschuldig, vielmehr ein selbst für
die göttliche Lehre begeisterter, durch und durch got-
tesfürchtige Mann, und in diesem Bewusstsein gegen
seine Angreifer um so mehr empört war. Die Gegner
Eibenschützens haben die Consequenzen seines Systems
eher herausgefühlt als er selbst — eine Erscheinung,
die sich auch bei dem Streite zwischen Mendelssohn,
Wesseli und ihren Widersachern manifestirt hat — und

hielten sich um so mehr verpflichtet ihn schonungslos anzugreifen, als sie seinen hervorragenden Geist, bedeutende Stellung und grosses Ansehen in der Judenheit kannten.

Aus dieser Ursache, wenn auch vielleicht mit weniger Recht, wurde der so gemüthlich fromme, vielseitig gebildete Moses Chaim Luzzatto von den jüdischen Gelehrten unerbittlich verfolgt. Der Ausgang dieser durch gleiche Motive veranlassten Kämpfe gegen die Secte der Sabbataizwianer, wie gegen Eibenschütz und Consorten, zeigt auch wie das praktische Element und nicht das Dogmatische, wie so manche modernen Theologen behaupten wollen, der eigentliche unzerstörbare Kern des Judenthums bildet. Die Secte der Sabbataizwianer, der praktischen Consequenzen ihrer Theorien sich bewusst und dieselben geheim oder öffentlich im Leben zu realisiren strebend, verschwand nach kurzer Dauer aus Israel, keine andere Spur hinterlassend, als ein mit Fluch belasstetes Andenken, während Eibenschütz, Luzzatto und die andern, die man nur irrthümlicher Meinungen zeihen konnte, bei der Nachwelt gänzlich rehabilitirt wurden, und jeder unter ihnen nach seinem Verdienste gewürdigt. Die Intoleranz im rein theoretischen Gebiete war und bleibt im Judenthume eine exotische Pflanze, unfähig einer allgemeinen Gedeihung; sie kann sich des Einen oder des Andern bemächtigen, die Gesammtmasse, die allgemeine Meinung beherrscht sie nie.

Welches Schicksal aber die Kabbala selbs seit der Zeit dieser gedachten Kämpfe betroffen, ob und in wie fern dieselbe mehr oder weniger Wurzel im jüdischen Volke gefasst, mehr oder weniger sich verbreitet oder gar ein Gegenstand der Controverse geworden ist, ob und in wie

fern selbe auf Judenthum und Judenheit vortheilhaft oder
nachtheilig gewirkt hat, soll der Gegenstand folgender
dieses Heft schliessender Erörterungen sein.

Seit den gedachten Kämpfen, oder vielmehr gar
zufolge derselben, sind die vernünftigen oder spekulati-
ven Ideen dieser Lehre, welche die Seele derselben
bildeten, immer mehr und mehr dem grössten Theil
der Kabbalisten ganz abhanden gekommen. Das ganze
kabbalistische Lehrgebäude sieht, nach Auffassung der
jetzigen sogenannten Kabbalisten, einem colossalen Ge-
rüste ähnlich, unter dem man mit Recht eine entzückend
schöne Statue oder ein grosses wohnbares Haus ver-
muthet, ohne die Hoffnung zu haben, das Gerüst je
aufzulassen, um an das verborgene Schöne seine Augen
weiden oder das innere Gebäude benützen zu können.
Man beschäftigt sich ausschliesslich, oder füllt seinen
Kopf an, mit verknöcherten Formeln, in welchen man
die Abbildung einer enormen Zahl von verschiedenen
geistigen Kräften und riesenartigen Welten ahnt, die
ein jeder sich nach seiner eigenen Phantasie ausmalt,
und nur der Gedanken und der Glauben, dass der
Mensch oder Israelit mit denselben in einem gewissen
Rapport stehet, dass sein Wirken, sein Thun und Lassen — besonders das religiös-praktische — auf dieselben, wie dieselben wiederum auf ihn influiren, verleihet diesem Studium einen gewissen Reiz, wie es auch
zur fleissigen religiösen Praxis animirt. Der Israelit bauet
und zerstört durch seine Handlungen unzählige Welten,
und er bestrebt sich natürlich eher das Erstere als das
Letztere zu vollbringen.

Auf diese Weise werden unsere jetzigen Kabbalisten von jenen theoretischen Elementen der Kabbala,
die nach Obigem Interminirendes für das Judenthum
involviren, ganz und gar nicht afficirt, wogegen sie in

der scrupulösesten Ausübung und Befolgung der religiösen Obserwanzen und Vorschriften nur um so mehr erstarken, jedes religiöse Ge- und Verbot, wenn es auch in der eigentlichen Halacha nicht so streng befohlen, ja nur als untergeordnet statuirt und sogar dem freien Willen anheimgestellt wurde, gewinnt bei ihnen schon deshalb eine grosse Wichtigkeit, weil von demselben immerhin die Erhaltug oder Auflösung einer Welt oder mehrerer Welten abhängt.

Insofern wirkt das jetzige Studium der Kabbala, so geistlos dieses auch betrieben wird und kaum den Namen Studium verdient, im Ganzen genommen nur vortheilhaft, jedoch sind auch die nachtheiligen Einflüsse desselben nicht unbedeutend. Das wahrhaft Vernünftige im Judenthume, von dem es im Pentateuch heisst: כי היא הכמתכם ובינתכם לעיני כל העמים, die grossartige, Jahrtausende voraneilende Anschauung desselben von Gott und Welt, geht diesen Herren Kabbalisten, die vor lauter Bäumen den Wald nicht sehen, gänzlich verloren, und ein einziger heller Lichtstrahl, der den Einen oder Anderen unter ihnen ergreift, genügt oft, wie dieses die Erfahrung gelehrt, ihn ganz umzustimmen und zum förmlichen Abtrünnigen zu machen. In dem praktischen Leben selbst wird oft durch die eben erwähnte Theorie, Alles und Jedes zum weltbauenden und weltzerstörenden Instrument zu machen, das rechte Mass nicht eingehalten, die rechte Wahl nicht getroffen, und das Wichtige wird nicht selten vom Nichtwichtigen verdrängt. Es muss auch unsere so ganz unbedeutende Welt gegenüber den unzähligen riesenhaften Welten, mit denen wir in Verbindung stehen, ganz in Hintergrund treten, und Recht, Moral, Sitte, die unsere sublunarische Welt betreffen, können zuweilen bei diesen Herren, gelinde gesagt, nicht den ihnen gebührenden Rang behaupten,

nicht zu gedenken, dass mancher, dessen Einbildungskraft stärker als sein Verstand ist, durch diese Lehre
verleitet, das Weltlich-Praktische zum eigenen und
fremden Schaden oft zu sehr vernachlässigt.

Jedoch können derartige schädlich wirkende Elemente von dem grossen Haufen nicht gehörig gewürdigt,
und jedenfalls nicht der Kaballa ausschliesslich zugeschrieben werden; diese erlangte daher trotz ihrer verknöcherten Gestaltung, oder vielmehr eben derselben
zufolge, in vielen Ländern um so mehr eine grosse Verbreitung, als sie zum Bollwerk dienen sollte gegen
die seitdem sich hie und da geltendmachenden Zerstö-
rungs- oder Sichtungsbestrebungen. Der Infragestellung
mancher Zeremonialgesetze, die ihre ursprüngliche Bedeutung verloren haben sollen, wird die stereotype Antwort entgegengesetzt: dieselben hätten einen geheimen
Grund nach der Kabbala. Auf diese Weise drang hier
die Kabbala in allen Fasern des jüdischen Lebens und
in die Liturgie ein, und je weniger leitende verständige
Ideen, vernunftgemässe Hauptprincipien in derselben
gesucht werden, um so mehr verallgemeinert sich das
Studium derselben, die natürlich in ihrer jetzigen, jede
Verständigung entbehrende Gestalt einem Jeden zugänglich wurde, was aber die Kabbalisten als ein Zeichen
der nahe bevorstehenden Messiaszeit geltend machen
wollen, in der diese Geheimlehre, nach dem Ausspruche
des „Sohar", ein Gemeingut der jüdischen Nation werden soll.

In dem Masse aber, in welchem in den minder
civilisirten Ländern und Kreisen die Autorität der Kabbala und die Beschäftigung mit derselben zunahm,
kehrte ihr der gebildete oder auf Bildung anspruchma-
chende Theil in Israel gänzlich den Rücken, sie als ein
Gewebe des crassesten Unsinnes, der Geisteszerrüttung,

— nicht blos Verirrung — verachtend und nicht einmal
der Mühe werth haltend, sie einer Prüfung zu unterwerfen, ihrer Quelle, ihrer zu Grunde liegenden Ideen, der
in der Entwiklung oder Gestaltung des menschlichen
Geistes begründeten Ursache ihrer Entstehung, vorzüglich aber ihrem Zusammenhang mit der allgemeinen
Weltbildung und Richtung überhaupt, nachzuforschen,
wenn auch nur — wie dieses auf anderen Gebieten versucht wurde — um sie als einen überwundenen Standpunkt
zu antiquiren. Während früher Männer von umfassen-
der wissenschaftlicher Bildung, als Arriri, del'Medigo,
Luzzato, und viele Andere sich dieser Lehre mit Leib
und Seele, theils mit aufopfernder Selbstverleugnung
widmeten, glaubt man jetzt dieselbe durch völliges Igno-
riren zu beseitigen, was aber weder zu diesem Behufe
noch zu ihrer Aufrechthaltung zweckdienlich sein kann.
Erst in der neuesten Zeit fingen auch Männer der Wissenschaft an, der Kabbala einige Aufmerksamkeit zu schen-
ken, die diesfälligen Leistungen jedoch stehen noch im
allerersten, sehr wenig entwickelten Stadium, weshalb
über dieselben und deren Bedeutung noch nicht referirt
werden kann, nur allenfalls zum Vortschreiten auf dieser begonnenen Bahn zu animiren, und um so mehr als
bei dem Umschwunge, welcher jetzt die Anschauung
des Judenthums genommen, der Geistesrichtung und
dem Umkehr zu der ältern Denkungsweise, die sich
von vielen Seiten manifestiren und die trotz der Weg-
werfung, mit welcher von der andern Seite von denselben gesprochen wird, sich nicht wegdemonstiren lassen,
eine Klärung und Sichtung alles im Judenthume einmal
Eingebürgerten gewiss nicht überflüssig sein dürfte.

Eine Ausnahme von dem geistlosen, aller Verständigung baaren Auffassen und Studiren der Kabbala,
machen die Häupter einer Abtheilung der chassidischen

Genossenschaft in Weissrussland, bekannt unter dem
Namen „Chabadäer", was die hebräische Abbreviatur
ד"ב‎‎‏‎‏‏‏‎‎‎‏ ‏ — חכמה בינה דעת andeuten soll — welche, obwohl
sich minder als Arriri, Eibenschütz und Andere der
philosophischen Schulsprache und des philosophischen
Demonstrirens bedienen, nichtsdestoweniger ein eingenes, tief durchdachtes, man kann sagen wissenschaftlich
begründetes kabbalistisches System aufgestellt haben.
In den nachfolgenden Heften wird dasselbe ausführlich
und beleuchtend besprochen, und die merkwürdige Erscheinung erwiesen werden, dass die Resultate wie der
ganze Ideengang dieses ihres Systems mit den Grundanschauungen der neuesten Philosophie viele Berührungspunkte hat, ohne dass diese Rabbiner sie gekannt haben sollen.

Nachträge und Verbesserungen.

S. 2, Z. 18 v. u. statt: w a l t e t l. w a l t e n.

„ „ „ 13 „ „ „ in eine „ in einer.

„ „ „ 8 „ „ „ den grössten l. dem grössten.

„ 3 „ 16 „ o. „ von gedachten l. durch gedachte.

„ „ „ 17 „ o. „ Amuletten l. Amulette.

„ 4 „ 9 „ u. „ in dem l. in den.

„ 5 „ 12 „ o. „ Amuletten l. Amulette.

„ „ „ 7 „ u. „ Zelotte l. Zelot.

Zu Seite 8, wie überall, wo sich das Wort „Tetragramaton" befindet, muss bemerkt werden, dass im Drucke demselben fälschlich statt des sächlichen der männliche Artikel beigefügt wurde.

In Seite 8 und 9 muss überall statt „Enoch", „Enosch" heissen.

Die Angabe Seite 9 und in andern Stellen dieser Schrift: עשרה שמות שאינן נמחקים, muss dahin berichtigt und erläutert werden, dass im Talmud nur שבעה שמות שאינן נמחקים angegeben sind, welche mit den 7 Sephiroth חסד, גבורה, תפארת, נצה, הוד, יסוד, מלכות, die die eigentlichen Weltordner sein sollen, correspondiren; allein die Kabbalisten nahmen 10 heilige Namen an, nach der sämmtlichen Zahl der Sephiroth oder der Intelligenzen.

S. 11, Z. 4 v. ob. l. und dasselbe Befremden.

„ „ „ 7 „ u. statt: an der l. an die.

„ 13 „ 7 „ ob. „ von den l. von dem.

S 15 Z. 4 v. ob. Erwegung l. Erwägung.

„ 16 „ 7 „ „ mittelst ihnen l. mittelst ihrer.

„ 26 „ 8 u. vor „freien" ist „den" zu streichen.

Seite 36. Was hier über die Mirakel gesagt wurde, findet sich fast wörtlich im ה' מלחמת von Rabbi Lewi Ben Gerson (רלב"ג), nur was hier der ersten Wirkung, wird bei Gersonides der wirkenden Intelligenz (שכל הפועל), zugeschrieben und dadurch auch erklärt, wie der Prophet die erst später einzutretenden Mirakel wissen kann, weil sie von der wirkenden Intelligenz schon vorher beschlossen und bestimmt waren.

„ומה שאנחנו נאמר שהדרוש הנפלאות הוא מעצם הנימוס אשר סדר השי"ת לנמצאות ולזה היה אפשר שתפול בו ההודעה לנביא בנבואה כי ההודעה לא יתכן אלא בדברים המוגבלים ומסודרים."

Vgl.: „Lewi Ben Gerson als Religionsphilosoph" von Dr. M. Joel, in Frankel's Monatschrift 1861—62.

Zu Seite 39, Anmerkung.

Dem in der kabbalistischen Literatur Nichtbewanderten muss es wohl auffallen, dass die Zahl der sowohl hier als Seite 10 angeführten Sephiroth sich auf Eilf herausstellt, während es deren nur Zehn geben soll, wie es im Buche יצירה ausdrücklich heisst: עשר ולא תשע עשר ולא אחד עשר, „Zehn und nicht Neun, Zehn und nicht Eilf." Allein dieses ist schon ein Gegenstand der Erörterung, resp. der Controverse der alten Kabbalisten. Nach Einigen ist כתר die erste Wirkung selbst, also mit der ersten Ursache identificirt, und gehört daher nicht zu den Sephiroth; nach Anderen ist כתר wohl nur eine Sephirah, dagegen bildet דעת keine besondere Sephirah, weil sie nur die zwei Gegensätze חכמה und בינה vereinigt. Man lese hierüber besonders das Buch פרדס von Rabbi Moses Cordowero nach.

Es muss hier auch ferner bemerkt werden, dass durch das hier über die Beschaffenheit und immanente Kraft des

Alphabets Gesagte, die Kabbalisten die Wirkungen der
Amulette erklären und rechtfertigen.

Seite 43, Zeile 15 v. oben ist das Wort „und" vor
„wir" zu streichen.

Zu der in den Seiten 43 und 48 erörterten Identitäts-
lehre ist·hier zuzufügen, dass die Kabbalisten auch den
Grundsatz aufstellen: סוף מעשה במחשבה תחלה, „die voll-
zogene That liegt im allerersten Gedanken verborgen,"
oder mit anderen Worten ausgedrückt: נעוץ סופו בתחילתו
„das Allerletzte wurzelt im Allerersten," was andeuten
soll, dass die vollendeteste Erscheinung, obwohl die
letzte Stufe bildend, gerade — nach Seite 44 — die Ausführung des ersten Gedankens ist, wesshalb der letzten Sephirah, מלכות, wo die Erscheinung ganz consolidirt
wird, ein hoher Rang gebührt. Die Welt, das Universum
gewinnt durch diesen Grundsatz an Bedeutung, und dieser erklärt die praktische Richtung der Kabbala, wodurch selbe sich, wie im Texte weitläufig auseinandergesetzt wurde, von den fremden Philosophemen zum Vor-
theile unterscheidet.

Seite 49, Zeile 6 v. unten, statt: selbst Namen l. selbst
einen Namen.

Seite 49, Zeile 5 v. unten, statt: Verwirrung l.
Verirrung.

Seite 51, Zeile 14 von unten, statt: welche, lies
welchen.

Seite 58, Zeile 2 v. unten, (Anmerkuug) lies הכמתכם
ובינתכם.

Seite 59, Zeile 11 v. oben (Anmerkung), statt: auch,
lies euch.

Seite 61, Zeile 7 v. oben (Text): oder vernachlässigten, lies oder denselben vernachlässigten.

Seite 64, Zeile 7 von oben statt dieselbe, lies
dieselben.

Seite 64, Zeile 9 v. oben: tretet lies treten.

Seite 66, Zeile 4 v. unten, statt mittelst diesem und den, lies mittelst desselben und der.

Selte 67, Zeile 7 v. unten (Anmerk.) statt יְדָעַתִי lies יְדָעַת.

Seite 68, Zeile 12 v. unten (Text) statt mittelst und mit den, lies: mittelst des und mit dem.

Seite 69, Zeile 14 v. unten, statt derselben lies demselben.

Seite 75, Zeile 7 v. oben, statt mancher lies manche.

Seite 75, „ 14 „ „ statt der lies die.

„ 75, „ 8 „ „ statt hätte lies hätten.

„ 75, „ 5 v. unten, statt Ttanscendenz lies Transcendenz.

Zu Seite 76 und 56 muss bemerkt werden, dass über den Demiurg unter den Gnostikern Meinungsverschiedenheiten obwalten; während die Einen ihn ungefähr wie die Kabbalisten die erste Wirkung oder wie die Neuplatoniker den Nus darstellen, wird er von den Anderen bedeutend niedriger gehalten.

Seite 78, Zeile 5 v. unten, statt dieselben lies dieselbe.

Zu S. 81. Emden nahm, wie es scheint, den צמצום buchstäblich und meint, der gesunde Menschenverstand kann sich die Schöpfung anders nicht denken. ואי אפשר לצייר הבריאה באופן אחר אלא שא"ס צמצם אורו הבלתי בעל תכלית מן האמצע לצדדין, כי באופן אחר אי אפשר (אם לא יהפך הקערה על פיה ויחשוב את הבורא ב"ת ועלמו כב"ת) ופנה מקום אל העולמות, המצ יאן בחיקו, והיא ית' מסבבן מכל צד (מטפחת דף ל"ג).

S. 81. Z. 10 v. unten, 1. Bedeutung.

Buchdr. von Ph. Bendiner, in Wien.

Volu

ume 2

צפנת פענח.

DARSTELLUNG

und

kritische Beleuchtung

der

jüdischen Geheimleh

Von

Isaac Misses.

Zweites Heft.

Mit hebräischen Beilagen.

KRAKAU, 1863.

Gedruckt bei Carl Budweiser.

In Commission bei Julius Wildt.

צפנת פענח,

DARSTELLUNG

und

kritische Beleuchtung

der

jüdischen Geheimlehre.

Von

Isaac Misses.

Zweites Heft.
Mit hebräischen Beilagen.

KRAKAU, 1863.
Gedruckt bei Carl Budweiser.
In Commission bei Julius Wildt.

VORERINNERUNG
zum zweiten Hefte.

Der an den Verfasser von mehreren sehr be-
achtenswerthen Seiten ergangenen Aufforderung, gleich
in diesem Hefte mit der Darstellung der Kabbala
nach der Auffassung derselben von den im ersten
Hefte erwähnten „Chabadäern" zu beginnen, gibt
derselbe um so bereitwilliger Folge, als die gedachten Chabadäer nicht nur fast das ganze Feld
der Kabbala bearbeitet, über alle Theile dieser
Lehre ausführlich erläuternde Werke veröffentlicht
und die theoretische wie praktische Verbreitung
derselben in sehr weiten jüdischen Kreisen veranlasst,
sondern auch nur aus solchen Quellen geschöpft,
nur solche Werke ihrer Darstellung und Beleuchtung zu Grunde gelegt haben, welche in der Judenheit allgemein als massgebende Autoritäten, als
Schöpfer oder Begründer der Kabbala anerkannt
sind.

Und in der That muss man bei der Benutzung
oder Bearbeitung der kabbalistischen Literatur ganz
besonders vorsichtig und behutsam zu Werke gehen,
um nicht Hülsen statt der Frucht zu verwenden,
denn wie bekannt, wagten sich immer an der Mystik
weit mehr Unberufene als Berufene, weil solche am

liebsten im Trüben fischen und die Schale für den
Kern, die Auswüchse für die eigentliche Pflanze
nehmend, ist es ihnen ein Leichtes, phantastische
Combinationen, abgerissene Ideen, exegetische Spie-
lereien u. dgl. anzuhäufen, zur Welt zu fördern
und für baare Münze auszugeben.

Derartige Schriften, die grössten Theils sehr
wenig bekannt, zum Theil bisher nicht einmal veröffentlicht worden sind, haben nur einen bibliogra-
phischen Werth, aber weder einen wissenschaftlichen
noch einen culturhistorischen, denn solche Abfälle
der Literatur, solche Winkelproducte können keinen
Grademesser bilden für den Culturstand der Zeit,
in welcher sie entstanden sind und um so weniger
sind gedachte Erzeugnisse dazu geeignet, als die in
denselben sich breit und geltend machende Combinationen und aphoristischen Ideen, sowohl in weit
früheren wie auch spätern Perioden zum Vorschein
kamen.

Auch einer andern Aufforderung ist der Verfasser nachgekommen, nämlich dem Hefte einige
hebräische Originalien beizufügen, um die Glaubens-
würdigkeit der Darstellung zu constatiren, was wohl
um so mehr geboten sein dürfte, als unsere Darstellung der kabbalistischen Lehre mit den ihr vorangegangenen Darstellungen wohl nicht übereinstimmt;
er muss aber bedauern, dass durch äusserliche
Hindernisse es ihm nicht vergönnt war, alle zu seiner Legitimation erforderlichen Pieçen dem gegen-

wärtigen Hefte beigeben zu können, hofft jedoch, dass für den aufmerksamen Leser das Gelieferte hinreichend sein wird, um einzusehen, dass die von uns entwickelten Grundprinzipien der Kabbala, besonders die als kühn scheinende, aus den Originalien geschöpft, nicht in dieselben hineingelegt worden sind. Indem der Zweck unserer Arbeit ist, j e d e m Gebildeten das Verständniss der Kabbala möglichst beizubringen, so findet sich wohl in derselben manche Erklärung, manche mehrseitige Beleuchtung, die den philosophischen Adepten überflüssig scheinen möchten. Eigentliche, eingehende Kritiken dieses Werkes, wie die Verständigung oder Auseinandersetzung mit denselben, darf wohl erst nach Vollendung desselben erwartet werden, um aber mancher auf der Hand liegender Besprechnng zuvorzukommen, dürfte die Bemerkung nicht überflüssig sein, dass diesem Werke ein kritischer Theil beigegeben sein wird, in welchem das Verhältniss früherer und späterer philosophischer Systeme, vorzüglich der idealistischen und des spinozistischen zur Kabbala ausführlich erörtert und den wesentlichen Unterschied zwischen denselben, besonders des letzgenannten und der kabbalistischen Lehre nachgewiesen werden wird.

EINLEITUNG.

Wie aus dem ersten Hefte zu entnehmen ist, stellt sich die Kabbala keine geringere Aufgabe, als die Lösung der allerwichtigsten Fragen fast im ganzen Gebiete der Metaphysik. Dieselbe zieht in den Bereich ihrer Erörterungen alle Probleme der dogmatischen Theologie, der transscendentalen Cosmogonie, der Seelenlehre, der Ethik und sogar der Theodicee. Nur insofern hat sie einen specifisch jüdischen Character, als ihre ethischen, zum Theil auch psychologischen Auseinandersetzungen hauptsächlich sich die jüdische Religion, respective das jüdische Volk, zum Vorwurfe ihrer Untersuchungen nehmen; sie sucht sogar eine, so zu sagen, natürliche Sonderung zwischen diesen und den anderen Religionen und Völkern als eine Systemconsequenz zu begründen, ein Streben, das freilich allen griechischen Philosophieen ganz fremd ist, aber schon im Gnosticismus zum Vorschein kömmt. Nichts desto weniger aber können die Grundprincipien der Kabbala, selbst in ethischer und psychologischer Hinsicht, mit gewissen Modificationen, auf die Menschheit überhaupt, wie auf die sich in derselben in verschiedenen Formen kundthuenden religiösen und moralischen Gebarungen bezogen werden. Das sondirende Auge scheidet leicht die fundamentalen metaphysischen Theorien von den gefolgerten praktischen Anwendungen

*

aus. In diesen Letzteren gibt es auch in der Kabbala keine Meinungsverschiedenheit, weil alle wesentlichen religiös-moralischen Institutionen im Judenthume weit früher zum Abschluss gekommen und festgesetzt worden sind, und die Kabbala nur diesen entsprechende Resultate herleiten musste, während die speculativen Hauptideen derselben, bis auf einige wenige Momente, nicht fixirt wurden, und sich daher, wie im ersten Hefte nachgewiesen, eine Divergenz der Ansichten von nicht geringer Bedeutung herausstellte.

Es hat jedoch die Kabbala einen eigenen Ausgangs- und Anhaltspunkt gewählt, um von Vorne herein der grössten Schwierigkeit auszuweichen, an der alle Philosophieen und das Philosophiren überhaupt von jeher laborirten, nämlich die Auffindung eines allgemein gültigen Princips, das als Basis für's ganze System dienen sollte, denn während alle andern auf Anschauung und Empirik gegründeten Wissenschaften, wie die Mathematik, Astronomie, Naturlehre u. d. gl. ein Gegebenes haben, in der Construction oder in der Erscheinung, das für sie in so fern ein unumstössliches Fundament bildet, als ihre Forschungen und die Ergebnisse derselben auch nur für die warnehm- und sichtbare Erscheinungswelt Geltung und Anwendung haben soll, kann die Philosophie, deren Aufgabe die Erkenntniss des Ewigen, Nothwendigen, Unbedingten an und für sich ist, von keinem andern Principe ausgehen, als von einem solchen, dessen objective, absolute, nothwendige Existenz über alle Zweifel erhaben wäre. Ein solches Princip wurde auch in der That immer gesucht, und bildete die eigentliche, hauptsächlichste Divergenz zwischen fast allen philosophischen Systemen und Schulen, besonders seit Descartes. Viele haben auch, wie bekannt, die Unmöglichkeit für uns nachweisen wollen, je ein solches Princip ausfindig machen zu können, indem dasselbe ausserhalb des Bereichs unseres Erkenntnissvermögens liegt, weshalb sie auch entweder die allgemeine Skepsis oder wenigstens die Beseitigung aller objectiven Philosophie als Grundsatz adoptiren.

Die Kabbalisten haben wohl diesen Knoten nicht gelöst, nur in so fern zerhauen, als sie die Basis aller objectiven Erkenntniss weder in das Object selbst, noch in das erkennende Subject, sondern einzig und allein in eine, den heiligen und auserwählten Männern gewordene Inspiration setzten. Die Erkenntniss des Absoluten kam ihnen nicht mittelst der von Zeit, Raum und Sinnorganen bedingten und daher auch der Täuschung unterworfenen Anschauung oder Vorstellung zu, sondern der reine menschliche Geist empfing sie unmittelbar vom allgemeinen Geiste, weshalb hier keine Sinnestäuschungen, wie überhaupt nicht der mindeste Zweifel an ihrer Wahrheit obwalten kann. Je weniger die sinnlichen Organe und sinnlichen Wahrnehmungen, wie auch die logischen Schlüsse zu den transscendenten Grundideen dieser Lehre führen konnten, um so mehr, meinen die Kabbalisten, zeigen dieselben auf die Unmittelbarkeit ihrer Entstehung aus einer absolut geistigen Quelle. Dieselben sind zu vernünftig und folgerecht ausgeführt, um als blosse Träumereien genommen zu werden, anderseits aber überschreiten sie die Gränzen aller Empirik und des verständigen Demonstrirens, um Producte der Schulweisheit sein zu können: sie tragen an sich den Stempel einer geistigen, vernünftigen Inspiration. *)

_____

*) Den Vorwurf der Unwissenschaftlichkeit eines solchen Verfahrens und Behauptens kann nicht ausschliesslich die Kabbala treffen, indem auch andere Philosophieen, besonders diejenigen, die von mysti-

Es sind aber die Lehren dieser Inspiration keine blosse Resultate, keine blosse, sogenannte Glaubensartikel, die der Mensch ganz passiv hinzunehmen hat, ohne Verstand oder Vernunft dabei zu verwenden, sondern dieselben bilden ein selbstständiges wissenschaftliches System, das ein stetes anstrengendes Nachdenken, eine allmählige immer mehr und mehr zu erlangende Fähigkeit erfordert, um in den tief verborgen liegenden Sinn derselben einzudringen, der sich aber doch nicht ganz durch verständige Reflexion erschliesst; es muss zu dessen vollständiger Erschliessung auch die innere Intuition beitragen.

Dadurch aber, dass der wahre Sinn dieser Lehre, wie gesagt, erst ergründet, zum Theil erst herausgefühlt werden muss, kann dieselbe keine abgeschlossene, stationäre sein, ist vielmehr, trotzdem dass sie auf Inspiration und Tradition fusst, in so fern einer Entwicklung und Vervollkommnung fähig, als das menschliche

schen Elementen geschwängert sind, bis auf die neueste Zeit herab nicht minder auf Voraussetzungen basirt wurden, welche weder aus der Erfahrung genommen, noch aus Verstandesbegriffen hergeleitet sind. Im kritischen Theile dieses Werkes werden wir die Parallele zwischen den kabbalistischen Ideengängen und deren Resultaten mit denen der anderen Philosophieen früherer und späterer Zeit speciell nachweisen; hier nur die kurze Bemerkung, dass die Gnostiker in formeller Beziehung denselben Weg einschlagen als die Kabbalisten. Dieselben setzten zwar auch die γνῶσις, das Wissen der πίστις, dem Glauben in so fern entgegen, als sie bei der blossen πίστις nicht stehen bleiben, sondern diese entwickelt sich bei ihnen zur γνῶσις, erhebt sich zum Systeme; der Ausgangspunkt aber des Gnosticismus ist eben so wenig wie der der Kabbala auf Empirik oder Verstandesschlüsse gegründet, sondern auf Glauben gerichtet. Paulus, auf den der Gnosticismus zurückgeführt werden will, nennt auch dieses Wissen μυστήριον, der verborgene Sinn der Glaubensworte, welcher sich nicht dem blos Verständigen offenbart, nur dem Berufenen, dem Eingeweihten, dem Geistigen πνευμάτικον.

Wissen und geistige Fühlen in steter Entwickelung begriffen sei. Eben so wenig konnten jene inspirirt und tradirt sein sollenden, gleichsam technischen Ausdrücke so präcis gehalten sein, dass aller Meinungsverschiedenhe t über deren Bedeutung ein Riegel vorgeschoben wäre, und um so weniger, als der Inhalt derselben ganz subtiler transscendenter Natur ist, bei der einer verschiedenartigen, theils widersprechenden Auffassung schwer vorzubeugen sei. Deshalb finden wir auch, wie schon aus dem ersten Hefte zu ersehen, getheilte Ansichten unter den ältern und neuern Kabbalisten, wozu auch noch der anderweitige wissenschaftliche Bildungsgrad derselben beigetragen hat, indem der philosophisch denkende Kabbalist ganz andere Andeutungen in jenen tradirten Orakelsprüchen entdecken müsste als der einfache Talmudist.

Dem Gesagten zufolge, sollte also die Kabbala, welche in der Judenheit wenigstens schon sieben Jahrhunderte in Wort und Schrift gelehrt wird, ebenso eine ausgedehnte Geschichte ihrer, entweder sich fortschreitend entwickelnder oder sich entgegenstehender und widersprechender Systeme und Schulen haben, wie sie alle andern Wissenschaften besitzen. Es wäre dieses auch wohl der Fall gewesen, wenn die Kabbala immer als ein lebendiger Organismus betrachtet und mit entsprechendem Verständniss betrieben worden würde. Allein, wie im ersten Hefte berichtet, gerieth die Kabbala nur zu bald in einen Zustand der Verknöcherung, in welchem sie grösstentheils verblieb. Man beschäftigte sich fast ausschliesslich mit ihrem Gerippe, Gebein auf Gebein häufend, ohne seinen innern Geist herauszufühlen oder einen neuen hineinzuhauchen, und nur Wenigen war es von Zeit zu Zeit gegönnt, die verborgene in Stockung gerathene Lebenskraft desselben zu entdecken und wach zu rufen.

Deshalb lassen sich auch nur sehr spärliche Umrisse
der Geschichte der Kabbala entwerfen; dieselbe hat seit
ihrem Entstehen nur zwei Schulen gehabt, eine ältere
und eine neuere, die aber nicht sich widersprechende
oder entgegengesetzte sind, sondern letztere will nur
die weitere Entwickelung, die Ergänzung und Fortfüh-
rung der erstern sein. Die verschiedenen entgegengesetzten Ansichten, die zwischen den wenigen Denkern,
welche die Kabbala bearbeitet haben, obwalten, betreffen
nur e i n i g e, wenn auch in theoretischer Beziehung sehr
wichtige und eingreifende Punkte, wurden auch nicht so
ausführlich und systematisch besprochen, dass sie besondere Schulen oder auch nur geschichtliche Perioden bilden sollten. Die Divergenzen blieben auch grösstentheils
nur im Gebiete der speculativ dogmatischen Seite der
Kabbala, und nur sehr wenige berührten die praktische,
welche allein die hauptsächlichste Tendenz dieser Lehre
wie aller religionswissenschaftlicher Bestrebungen im
Judenthume sei. Im rein Theoretischen konnte sich nur
dann eine neue Schule bilden, wenn diese eine voll-
s t ä n d i g e Umgestaltung des alten Systemes, wenn auch
mit Beibehaltung einiger Elemente desselben hervorzubringen im Stande war, was auch, wie aus Nachfolgen-
dem erhellen wird, bei der gedachten neuen Schule wirklich
der Fall ist.

Die ältere Schule wurde mit Rabbi M o s e s C o r -
d o v e r o (1522-1576) abgeschlossen, der einige werth-
volle, die Kabbala beleuchtende Schriften verfasste; der
Gründer der neuern Schule, die bis jetzt in Theorie und
Praxis die herrschende und massgebende ist, war Rabbi
I s a a k L o r i e (1537-1574).

Diese Schule, der wir in unserer Darstellung, die äussere Oeconomie betreffend, folgen, theilte die Kabbala
in folgende vier Hauptabtheilungen ein:

a) Die dogmatische Theologie und transscendentale Cosmogonie.
b) Die Ethik und Religionswissenschaft.
c) Die Seelenlehre und Anthropologie.
d) Die specielle Bedeutung der gottesdienstlichen und andern Vorschriften.

ERSTE ABTHEILUNG.

Die dogmatische Theologie und transscendentale Cosmogonie.

Capitel I.

Die Theologie als einheitlicher Theil der Philosophie. — Unterschied zwischen der ursprünglichen und spätern Bedeutung derselben. — Ausscheidung der Theologie aus der Philosophie. — Gegenseitiges Verhältniss derselben. — Versuch, beide zu vereinigen.

Die Theologie bildete in früherer Zeit (siehe Aristoteles Metaph. B. III) einen integrirenden Theil der Philosophie. Bei der sinnlichen, anthropomorphistischen Vor- und Darstellung der Götter in Griechenland, wie bei jeder heidnischen, oder ihr verwandten Dogmatik, in welcher der wahre Begriff des rein Geistigen noch nicht zum Durchbruch gekommen, wie eben so wenig der von der Beschaffenheit und den Gränzen unseres Erkenntnissvermögens, konnte allerdings der Ausdruck der Theologie buchstäblich genommen werden, als eine Lehre von Gott oder den Göttern, die man sich als etwas für uns Erkennbares, wenn auch geistiger und sehr erhabener Natur dachte. Als aber die Klärung der Begriffe die präcise Definition des Geistigen und das tiefere

Eindringen in die Manipulation und den beschränkten
Wirkungskreis der menschlichen Denkfacultät die
Ueberzeugung beibrachte, dass die Erkenntniss Gottes
an und für sich genommen eine Unmöglichkeit sei
für uns, deren Erkenntniss nur durch sinnliche Anschauung und Vorstellung vermittelt wird, musste man der Theologie eine bescheidenere Function anweisen, nämlich die
Lehre von dem Dasein Gottes, nicht aber von Gott selbst
zu sein. Die Aufgabe der Theologie soll nur sein, die Existenz Gottes vernunftgemäss zu beweisen, nicht aber
das Wesen desselben dem Menschen begreiflich zu
machen.

Die Theologie blieb noch immer ein wichtiger Zweig
der Philosophie, und eine bedeutende Schaar der hell-
denkendsten Philosophen und edelsten Menschen wen-
dete fast alle ihre Geisteskräfte an, diese zur menschlichen Glückseligkeit und Seeligkeit unentbehrliche
Wahrheit auf verschiedene Weise nach ihrer Ansicht
unerschütterlich und apodictisch zu demonstriren. Jedoch
blieb dieses edle Streben nicht unangefochten; von zwei
ganz entgegengesetzten Seiten erhob man sich gegen
diese, sogenannte natürliche Theologie oder den Deismus.
Skeptiker, Materialisten und Anhänger des philosophischen Criticismus von der einen, wie die clericale Or-
todoxie, Theosophen aller Confessionen von der andern
Seite, traten auf, um die natürliche Theologie in Misscredit zu bringen. Erstere zeihen sie des Unsinns und
des Widerspruches, die Existenz eines Objects beweisen
zu wollen, von dem man, selbstgeständlich, keinen Begriff haben kann; letztere wollen die Unfruchtbarkeit,
sogar die Schädlichkeit derselben dadurch beweisen,
indem sie behaupten, der von ihr demonstrirte Gott
wäre zu abstract, um mit uns Menschen in irgend einem
Verhältniss zu stehen, dass man Ihn anflehen, segnen, kurz

Ihm auf irgend einer Weise dienen könnte; die Annahme eines philosophisch-theologischen Gottes widerspricht geradezu aller und jeder po sitiven Religion und ist eher eine Quelle des Verderbnisses als der Seeligkeit. Erstere wollen daher die Theologie als eine, nur der Kindheit des menschlichen Geschlechtes entsprechende Scheinwissenschaft antiquiren und ausser Kurs setzen, während letztere sie aus den Krallen der Philosophie, wowohin sie geraten ist, zu befreien, und selbst sich ihrer zu bemächtigen streben; sie dringen auf eine Trennung der Theologie von der Philosophie, und Einverleibung in den Bereich der positiven Religionslehre, welches Streben in so fern verwirklicht wurde, als man jetzt unter Theologie nur die systematische Behandlung der Gebarungen der positiven Religion versteht. Freilich gleicht diese, so zu sagen, Versetzung der Theologie einer völligen Auflösung ihres ursprünglichen Characters, indem ihr der Character der wahren Wissenschaftlichkeit, d. h. der selbstständigen, von Autoritäten unabhängigen Forschung benommen wird.

Damit aber, dass man der Religion das wissenschaftliche Fundament entzog, hat man dieser nichts weniger als gedient, jedenfalls nicht auf die Dauer. Der freie menschliche Geist ist zu sehr mit seinem wesentlichen Attribut der freien Forschung und Wissenschaftlichkeit eng verbunden, als dass er von demselben längere Zeit abgezogen bleiben soll. Er kehrt zu ihm nach mancher Abschweifung früher oder später zurück, die ihm auferlegten Fesseln zerbrechend; es heisst den Nihilisten in die Hände spielen, wenn man die Wissenschaft der Religion entgegensetzen will.

Zwischen diesen zwei Extremen macht sich eine in der Mitte oder über denselben stehende Bestrebung geltend, die trotz aller Läuterung und Feststellung der me'aphysischen Begriffe oder vielleicht gar in Folge derselben, Religion und Wissenschaft nicht nur vereinigen, sondern sogar identificiren will, indem sie nachweist, dass beide nur einen und denselben unmittelbar empfangenen Ausgangs- und Fundamentalpunkt haben, nämlich das absolute Ewige — Gott —, wie auch ihre Entwikkelung, wenngleich in verschiedenen Formen, dieselben Abstufungen durchlauft und zu demselben Resultate führt, die allmällige Abstreifung des Vereinzelten, Zufälligen und das sich Erheben zum Allgemeinen, Nothwendigen; nur dass es jene in praktischer und diese in theoretischer Hinsicht thut. Die Theologie bildet die Vermittlerin zwischen Philosophie und Religion; sie ist das Product jener und die Erzeugerin dieser; sie entquillt aus dem Kopf und mündet aus in das Herz; sie bildet die Brücke vom Gedanken zur That.

Capitel II.

Die kabbalistische Ansicht über Theologie. — Grundbedingungen des menschlichen Denkens. — Unterschied zwischen dem verständigen und vernünftigen Denken. — Inhalt und Art und Weise des Letztern.

Die Kabbala bekennt sich zu obiger vermittelnder Ansicht, welche, wie leicht begreiflich, in das Reich der Mystik, mehr oder weniger, je nach der verschiedenen Bearbeitung derselben hinüberstreift. Dieselbe setzt also die Existenz der ersten absoluten Ursache aller Dinge als eine über alle Zweifel erhabene unmittelbare Gewissheit voraus, stellt sich nur als Aufgabe, das Verhältniss derselben zu allem ausser ihr begreiflich zu machen, alle Fragen und Zweifel, wie die Widersprüche, die in

dieser Hinsicht obwalten, zu lösen, und die Schwierigkeiten zu ebnen, auf eine, wie sie angibt, vernünftige
wenn auch nicht demonstrative Weise.
Die erste Ursache ist der Ausgangs- und Endepunkt
nicht nur alles Daseienden, sondern auch alles vernünftigen Denkens, d. h. des eigentlichen Philosophirens;
das vernünftige Denken unterscheidet sich eben
darin von dem verständigen, dass es das Absolute
zum Stoff hat. Wohl abstrahirt auch das verständige
Denken, welches durch die sinnliche Anschauung und
Vorstellung vermittelt wird, von seinen stofflichen Gegenständen das mehr Besondere und Zufällige, um das
Allgemeinere und Wesentlichere hervorzubringen. Es
ist nich das Fass- und Sichtbare, welches in das verständige Denken übergeht, sondern die in einen Gedanken umgewandelte Form; der gedachte Baum, das
gedachte Haus kann nicht als Solches — d. h. als Gedachtes — gefühlt, besichtigt, sondern definirt werden.
Jedoch ist die das verständige Denken ausfüllende Form
nur eine an der Materie, und zwar an einem bestimmten
Materientheil klebende. Es kann der Verstand weder
Form noch Materie gesondert denken, eben so wenig
Materie und Form in deren Allgemeinheit, und selbst
das aus Form und Materie Zusammengesetzte muss,
um für den menschlichen Verstand denkbar zu werden,
sich modificiren, es muss zur Art, zur Gattung, zum
Geschlechte oder zum Individuum werden. Der Verstand
zersetzt eben so gut als er zusammensetzt, er sondert
eben so gut als er verallgemeinert; er kann das Individuelle nur dadurch in Gedanken aufnehmen, dass er es
als Gemeinsames, wie wiederum das Allgemeine nur, dass
er es als Bestimmtes betrachtet; dem einzelnen Baume
muss der Gattungsbegriff der Bäume überhaupt substi-
tuirt, wie das Allgemeine als ein Aggregat unzähliger

Gattungen oder Individuen vorgestellt werden. Das Individuelle wie die Allgemeinheit a n und für sich genommen, liegen ausserhalb der Gränze des Verstandes. Ebenso begreift der Verstand das Absolute nur negativ als das Bedingungslose, wie das Unendliche nur als eine ungeheure Masse von Endlichkeiten. Nicht desto weniger aber ist dieses, so zu sagen Jenseitige dem Menschen bekannt und zwar, nicht nur dem denkenden Menschen und bei wissenschaftlichem Denken, sondern auch dem alltäglichen Menschen, und im alltäglichen Leben sind die Ausdrücke absolut, allgemein, unendlich, ganz geläufig und Niemand zweifelt an die Existenz des Absoluten, Allgemeinen, Unendlichen; ja, gerade dem gewöhnlichen Menschen kann man nur mit schwerer Mühe die Unbegreiflichkeit der I..balte dieser Ausdrücke begreiflich machen. Dieses Jenseits, welches der Verstand bei seinen Operationen abnt und die Seele als unmittelbare Gewissheit voraussetzt, ist das Reich der Vernunft.

Man kann in kurzen Worten das bisher Gesagte resummiren, dass Alles, was die Sinne schauen und sich vorstellen, was das Herz fühlt und empfindet, der Verstand ordnet, sondert, theilt und zusammenfügt, das erhebt die Vernunft zum und verwandelt in einen allgemeinen Begriff. Dieser allgemeine Begriff enthält eben die erste Ursache und ihre unmittelbare Wirkungen oder Gott und das Göttliche.

Capitel III.

Gott und Universum. — Fragen und Schwierigkeiten diese zwei Begriffe betreffend. — Beantwortung derselben durch die ältere kabbalistische Schule. — Die zehn Sephiroth — ihr Wesen, Entstehung und Function.

Wir sagten soeben die erste Ursache und ihre unmittelbaren Wirkungen, oder Gott und das Göttliche; was versteht man aber unter unmittelbare Wirkung der ersten Ursache? und worin unterscheidet sich das Göttliche von Gott oder dem Universum? Nennt man die Wirkung Gottes göttlich, so ist wohl das ganze Universum, wie alle dessen Theile göttlich; nennt man dieses nicht so, was kann sonst diese Benennung beanspruchen? Ist das All nicht das Werk Gottes oder gibt es ein Göttliches, das nicht sein Werk wäre? Es wird sich im Verlaufe gegenwärtiger Erörterungen herausstellen, dass diese Fragen nicht blos unseren obigen Ausdrücken gelten, sondern sich jedem Denkenden aufdringen, beim Nachdenken über die Bedeutung der Begriffe oder Bestimmungen: „Gott und Universum" wie auch, wie die verschiedenen Philosophieen sich mit ihrer Beantwortung abmüheten, und wie der innere Kern der Religion oder richtiger der Religiösität, die eigentliche Lösung dieser Fragen, auf die wir später zurückkommen werden, in sich birgt, freilich nicht in der Form der Reflexion, sondern in der der Intuition.

Allein im Processe des menschlichen Denkens kommen diese Fragen, so wesentlich und tief eingreifend sie auch sind, erst später zum Vorschein, während andere sich früher einstellen und den menschlichen Geist beschäftigen; dieses geschieht aber nicht etwa, weil diese Letztern das Nähere und Gewissere betreffen, vielmehr gerade, weil sie das Entferntere und Mindergewisse zum

Gegenstand haben. Es liegt in der menschlichen Natur, grade über das ihr am nächsten liegende und unzubezweifelnde am spätesten nachzudenken, weil gewönlich nur der Zweifel zur Frage anregt. Die Geschichte der Philosophie zeigt eben in der Entwickelung des menschlichen Forschungsgeistes den gedachten Gang vom Entfertern zum Nächsten, gleichsam von der Peripherie zum Centrum. Die ersten sich geltend machenden Fragen waren also mehr über das Verhältniss Gottes zum Universum, als über diese Begriffe selbst; die Fragen lauten gewöhnlich: Hat Gott die Welt geschaffen? Regiert Gott die Welt? Auf welche Weise geschah das Erste, und auf welche Weise geschieht das Letzte? u. d. gl. m. Wir haben im ersten Hefte ausführlich die Fragen, oder richtiger die Einwendungen dargestellt, welche über oder gegen die Weltschöpfung oder Weltregierung — Vorsehung — aufgeworfen wurden, und wie die Kabbala sie zu lösen oder ihnen zu begegnen versuchte, wollen daher hier nur die Hauptmomente zur besseren Verständigung] des Weiterauszuführenden, respective zur Würdigung, gedachter Momente gedrängt wiederholen. Folgende Fragen und Einwendungen sind die hauptsächlichsten und wichtigsten:

1. Die Weltschöpfung zu einer gewissen Zeit setzt eine Willensveränderung Gottes vom Nichtschaffen zum Schaffen voraus, jede Veränderung aber wäre ein Anthropomorphismus, eine Willensveränderung gar, geschieht durch neu hinzugekommene oder neu erkannte Gründe, welche den Willen bestimmen; es müssten also Gott vor der Weltschöpfungszeit die Gründe zu dieser Erschaffung gefehlt oder er müsste sie nicht erkannt haben, welches eine wie das andere bei Gott anzunehmen der grösste Unsinn wäre.

2. Gott, als unendliches, ewiges, nothwendiges Wesen, muss doch, selbstverständlich, reingeistig, einfach,
unzusammengesetzt sein; wie wäre es also möglich, dass
er die körperliche, zusammengesetzte Welt schuf, ohne
durch die Berührung mit derselben selbst afficirt zu
werden, oder mit andern Worten, verkörperte sich nicht
ein Theil Gottes, wie könnte die Körperwelt entstehen?

3. Noch weniger begreiflich ist die Idee der göttlichen Weltregierung — die Vorsehung. — Gott müsste
seinen Willen, seinen Entschluss jeden Augenblick nach
den Weltereignissen, besonders nach den freien menschlichen Handlungen ändern? Er müsste jeden Augenblick
neues Wissen acquiriren.

4. Im Allgemeinen setzt die Idee einer Vorsehung
ein Wissen voraus, jedes Wissen wiederum einen Nexus
zwischen dem Gewussten und dem Wissenden, welcher
Nexus aber kann stattfinden zwischen der absoluten
Geistigkeit und Einfachheit und den materiellen, zusammengesetzten Einzeldingen der Welt?

5. Dass viele Uibel und sogar Ungerechtigkeiten in
der Welt stattfinden, kann durchaus nicht geläugnet
werden; auf welche Weise und wozu sind die Erstern
entstanden und warum lässt die Vorsehung Letztere geschehen? Die sogenannte philosophische Antwort, die
Uibel wären ein nothwendiger Bestandtheil in der Har-
monie des Weltalls, befriedigt wohl sehr wenig. Wie
kann von Gott, von der absoluten Vollkommenheit und
unendlichen Güte das Uibel herstammen, und noch gar
als ein nothwendiger Theil des Universums? Manche
behaupten, alle Uibel wären nur S c h e i n übel, aber,
dieses zugestanden, schmerzen sie deshalb nichts desto
weniger und bleiben für uns wirkliche Uibel.

Alle diese und ähnliche Fragen beantwortet die alte
Schule der Kabbala, wie bereits im ersten Hefte darge

stellt wurde und hier resumirt wird, auf folgende Weise:

Die erste Ursache steht mit dem Universum in gar keiner unmittelbaren Verbindung oder Berührung. Die Schöpfung des Alls geschah mittels der zehn Sephiroth, welche gleichsam geistige Werkzeuge sind, die das Weltall geschaffen haben und noch immer regieren. Dieselben sind einerseits graduell verschieden, d. h. die eine steht der andern in so ferne nach, als jene sich mehr als diese von dem absolut Geistigen, Einfachen und Unendlichen entfernt und unterscheidet, so, dass in der letzten Sephira der Saamen zum Materiellen, Zusammengesetzten und Verwesbaren vorhanden ist. Diese Grenze des Volkommenen, Ewigen, Einfachen ist schon der Keim des Uibels, oder richtiger, das Uibel selbst in seiner allgemeinen, aber verhüllten Form; anderseits sind die Sephiroth auch die Gefässe, die Behälter und die Prismen, in welche und durch welche das Licht, d. h. die Kraft, welche alles Daseiende erschafft und erhält, hinein- und durchströmt und wo die Strahlen sich durchbrechen. Diese göttliche Kraft ändert sich nie, bleibt sich immer gleich, vor wie nach der Welterschaffung, während ihres Bestehens und in dem in derselben vorgehenden Wechsel. Die Veränderungen, die Abwechslungen sind eben nur in diesen Sephiroth, die ihnen inwohnende göttliche Kraft aber gleicht der Sonne, deren einheitliches Licht in verschiedenen Graden und verschieden colorirt erscheint, nach den verschiedenen Orten, wohin ihre Strahlen fallen und auf welche Weise sie sich brechen. Sie ist gleichsam die Seele, welche einfach und einzig ist, dem ganzen Körper Leben gibt, aber sich doch ganz verschieden im Kopfe als im Herzen oder in den andern Gliedern offenbart.

Die Sephiroth selbst, in welchen und durch welche

alle die Veränderungen im Universum vorgehen, sind,
obwohl geistiger, doch in so fern zusammengesetzter
Natur, als in ihnen sich zweierlei Wesen unterscheiden
lassen, dasjenige, in welchem und durch welches alle
Veränderungen vorgehen, die sich allenfalls im Grade
unterscheiden und in zehn Abstufungen manifestiren,
und dasjenige, welches an und für sich gleich bleibt,
nämlich das Licht oder die Kraft Gottes.

Diese beiden verschiedenen Wesen werden von den
Kabbalisten benannt: „Licht und Gefässe", „אורות וכלים".
Das Unveränderliche heisst Licht — die Kraft Gottes —,
das sich Abändernde und Abstufende die Gefässe (siehe
Beilage Nr. I.).

Diese Sephiroth sind geschaffene, wenn auch geistige Wesen, aber nicht unmittelbar durch Gott, von
dem, wie gesagt, nichts Zusammengesetztes und Verän-
derliches entstehen kann, sondern durch die erste Sephira, welche die Krone כתר genannt wird, eine unmittelbare Emanation Gottes ist — der göttliche Urwille —
und welche die ganze Vollkommenheit Gottes besitzt,
nur indem sie eine Wirkung und nicht die Ursache, ein
Willen und nicht der Wollende selbst ist, liegt in ihr
der Keim und die Möglichkeit des Schaffens des minder
Vollkommenen, das in mehreren Abstufungen sich bis
zur gedachten äussersten Grenze von der Urquelle entfernen kann. Dieser Urwille hat auch alles in aller Ewigkeit zu Geschehene im Voraus bestimmt, und alle die
unzähligen Veränderungen guter oder schlechter, Glück-
oder Unglückbringender Natur, gehen nur in den Sephiroth vor, die von den Weltereignissen und besonders von den freien menschlichen Handlungen in so fern
beeinflusst werden, als der Zufluss und die Gebarung
der an und für sich unabänderlichen göttlichen
Kraft von denselben, wie die Erscheinung der Sonnen-
*

strahlen von den Prismen, die Seele von den verschie-
denen körperlichen Gliedern, abhängt. Dieser Urwille, Krone כתר wird auch פלא, das
Wunderbare genannt, weil man Gott eigentlich keinen
Willen, der eine Begrenzung, Bestimmung voraussetzt
(s. erstes Heft S. 20) zuschreiben kann, derselbe daher
nicht als Attribut Gottes, sondern als eine urewige oder
entstandene (vergl. erstes Heft S. 66, 67) Emanation
anzunehmen sei, deren Entstehung aber aus dem allervollkommensten, unendlichen, absolut einfachen ersten
Wesen, für uns unerklärlich bleibt. Auf diese Weise und durch obige Statuirungen
glaubt die ältere Schule der Kabbalisten alle oben an-
geführte Schwierigkeiten beseitigt zu haben. Die erste
Ursache bleibt unveränderlich und absolut einfach, die
Unterschiede, Sonderungen, Zusammensetzungen des
Universums, besonders der körperlicnen Welten, geschehn
blos in den und durch die Sephiroth, während das denselben inwohnende göttliche Licht nur scheinbar sich
verändert, wie z. B. das Wasser in den verschieden
colorirten Gefässen verschieden aussieht, im Grunde aber
immer und ewig sich gleich.bleibt. Dasselbe bleibt sich
gleich bei der Spendung von Glück und Segen, wie bei
dem Eintreten von Unglück und Calamitäten; alles geschieht der Handlungsweise der Menschen gemäss, weil
die, die gedachten Gebarungen veranlassende Vorsehung
nur in den und mittels der Sephiroth waltet, wohl nach
dem urewigen und unabänderlichen Plane. Eben so wenig ist das Wissen Gottes ein unmittelbares; es ist auch
überhaupt kein a posteriori erlangtes, sondern es ist
eine Vorherbestimmung, die in Erfüllung gehen muss.*)

*) Um längere Wiederholungen zu vermeiden, müssen wir den
Leser auf das erste Heft verweisen. Eine Vergleichung der dortigen

Nach diesen Grundprincipien fährt die ältere Schule fort, über die Eintheilung, Stellung und Bedeutung dieser Sephiroth zu referiren und nachzuweisen, wie die ganze Welterhaltung und Ordnung durch sie erwirkt wird, wie aus ihnen gleichsam Kopf, Herz und Glieder des Weltalls entkeimen, d. h. Geist, Gefühl und That, unter welchen drei Rubriken sich alle Geschehnisse des Universums subsummiren lassen und welche die Nachbilder sind der obigen Eintheilung der Sephiroth: חכמה חסד, גבורה, תפארת, נצח, הוד, יסוד = Geist, בינה דעת = Gefühl, מלכות = That.

Capitel IV.

Die neuere Schule weist die Unzulänglichkeiten obiger Beantwortungen nach. — Die Sephiroth, als veränderlich und verdichtbar, können eben so wenig mit Gott in unmittelbare Berührung kommen, als das Universum. — Das Dilemma, ob der als Vermittler statuirte göttliche Wille urewig oder entstanden sei.

Wir können um so weniger bei den weitern, in's einzelne eingehenden Ausführungen der ältern Schule verweilen, als diese jetzt allgemein in so fern für antiquirt gehalten werden, als die jetzigen Kabbalisten, die Resultate derselben nur modificirt nach späteren Statuirungen der neuen lorjischen Schule gelten lassen wollen.

Diese neuere Schule meint, so löblich auch die Absicht der ältern Schule wäre die absolute Einheit Gottes zu retten und so viel Wahres auch in ihren

---

ausführlichen Erörterungen mit dem hier Angedeuteten und Hinzugefügten, dürfte zur Aufhellung und Ergänzung des etwa in beiden dunkel oder unvollständig Gebliebenen dienen.

Ansichten vorhanden sei, so kann das von ihr geleistete dennoch nicht als gänzlich befriedigend betrachtet werden; denn erstens genügt, wie bald dargethan werden wird, ihre Lösung nicht, selbst die von ihr aufgeworfenen Fragen zu beantworten und zu beseitigen; und zweitens gibt es weit wesentlichere und tiefer eingreifende Fragen und Schwierigkeiten, die sie gar nicht berührt oder die sie gar nicht gefühlt zu haben scheint, zu deren gründlicher Lösung aber eine ganz andere Beleuchtung erforderlich ist.

Was ist damit gewonnen, sagt die neuere Schule, dass Gott nicht in Berührung mit der materiellen Welt gekommen und nie kömmt, wenn es doch mit den Sephiroth der Fall sein muss, die nach der Darstellung der ältern Schule zusammengesetzte Wesen sind? Das absolut einfache erste Wesen müsste also doch mit zusamengesetzten in Contact gerathen und von denselben afficirt werden? Was soll das auch heissen, die Kraft Gottes wohnt inne den Sephiroth, welche leztere allein nur verändert werden, während die erste sich immer gleich bleibt? Sind die Sephiroth nicht die Kraft Gottes, — und sie können es nicht sein, weil sie sich immer mehr, so zu sagen, verdichten sollen — wie kann die Kraft Gottes in ihrer unmittelbaren Nähe weilen? Dieses unmittelbare Zusammensein des absolut Einfachen mit dem Zusammengesetzten ist es ja, was diese Schule selbst für eine Unmöglichkeit hält, und weshalb sie die Existenz der Sephiroth als eine nothwendige statuirte? oder soll etwa die in den Sephiroth ruhende Kraft Gottes minder absolut einfach sein? Auf diese Weise wäre die Kraft Gottes eine getheilte; es gäbe zwei Kräfte Gottes, eine, die absolut einfach und die andere, die es minder absolut ist. Eine solche Annahme aber wäre ja ein noch weit grösserer Unsinn, ein noch weit grösserer

Anthropomorphismus als die gewöhnliche, dass Gott die Welt unmittelbar schuf, erhält und ordnet. Das Zwischenhineinschieben des Urwillens — der Krone — löst einerseits nicht obige Schwierigkeiten, wie sich anderseits der Existenz desselben grosse Bedenklichkeiten entgegenstellen. Was ist damit abgeholfen, dass der Urwille gleichsam der Mediator ist zwischen Gott und den Sephiroth, wenn die göttliche Kraft, d. h. Gott selbst in Letztern wohnt und wohnen muss, indem wohl nur diese Kraft die Erhalterin alles Daseins ist? Und nun, was ist denn eigentlich dieser erste Wille? Wie lässt sich sein Dasein rechtfertigen, und mit den reinen Religionsbegriffen vereinigen? Ist er ein urewiges oder geschaffenes Wesen? Beiden Annahmen stellen sich wesentliche Einwendungen entgegen.

Im ersten Falle wäre die absolute Einheit Gottes kaum haltbar, indem es doch noch ein Wesen geben würde, eben so urewig, wie er selbst; zwar meinen die Vertheidiger dieser Meinung, die Einheit Gottes wäre durch die Existenz des urewigen Willens eben so wenig beeinträchtigt, als sie es durch die von Plato und auch manchen jüdischen Gelehrten angenommene urewige Materie sei; Gott bleibt als solcher einig und einzig, wenn auch neben ihm immer und ewig eine Materie existirte. Aber abgesehen davon, dass in der That nur sehr wenige Rechtgläubige eine urewige Materie gelten lassen wollen, und selbst Maimonides, der diese Ansicht als mit der Religion vereinbar erklärt, sucht dennoch aus religiösem Scrupel ihr entgegen zu treten (s. More Nebuchim T. II. §. 25), so ist ausserdem ein grosser Unterschied zwischen der Existenz einer formlosen Materie, die kein actuelles Dasein hat und ihr ein solches nur durch Gott verliehen wird, so dass dieselbe gar nicht als existirend anzusehen sei und der des

Urwillens, wie er von einigen Kabbalisten geschildert wird (vergl. Heft I. S. 21, 26, 66), welcher nicht nur eine actuelle Existenz, sondern eine sehr bedeutende Macht besitzen soll, fast ein Gott genannt zu werden verdient.

Freilich lässt sich auch in Betreff des Urwillens der subtile Unterschied zwischen ihm und Gott, respective seiner niedrigen Stellung zu jenem dadurch begreiflich machen, dass dieser nur der Wille, Gott aber der Wollende, der den Willen beherrschende ist; auf diese Weise aber wäre wohl die Einzigkeit, aber noch immer nicht die Einheit Gottes gerettet, wenigstens nicht genügend gerechtfertigt. Denn Gott hätte einen Willen, d. h. ein positives Attribut, was nach Maimonides's gründlicher Nachweisung von einer absoluten Einfachheit durchaus entfernt werden muss (s. More Nebochim T. I. §. 57, 58); ja, dieser Wille ist sogar nach der kabbalistischen Darstellung mehr als ein positives Attribut, er ist nach derselben ein hypostasirtes Object.

Setzen wir nun aber den zweiten Fall, nämlich, dass Gott den Urwillen — die Krone — schuf, und zwar so vollkommen wie sich selbst, nur durch die feine Nuance unterschieden, dass Gott der Schöpfer, der Urwille das Geschöpf ist; auf diese Weise bleibt wohl Gott als Schöpfer einzig und allein, und nichts wäre auch gegen seine absolute Einfachheit einzuwenden. Aber da müsste man wieder den Act der Schöpfung Gott selbst zuschreiben, gegen welche Behauptung die früher erwähnten Bedenklichkeiten sich einstellen, dass eine jede Schöpfung in der Zeit eine Afficirung und Willensveränderung des Schaffenden verursachen, und daher von Gott fern gehalten werden muss.

Auch die von gedachter Schule angeführten Beispiele von der Sonne und der Seele, die unverändert

bleiben, obwohl sie in verschiedenen Gefässen oder Gliedern verschieden erscheinen, sind, die Einwendungen aus
der Natur- und Seelenlehre nicht zu gedenken, schon
deshalb nicht stichhaltig, weil die Gefässe oder Glieder
einen Bestand für sich haben, von der Seele und Sonne
gesondert sind, weshalb die Veränderung, die in denselben, oder richtiger, in dem Beschienen- oder Belebt-
werden derselben vorgeht, Sonne und Seele unberührt
lassen können, während die Sephiroth durch die ihnen
innwohnende göttliche Kraft ihr Dasein, ja ihr Wesen
haben, wodurch eine Veränderung in denselben ohne
Einwirkung auf diese Kraft kaum denkbar wäre.

Die Emanation oder Abstufung, wie diese Schule
dieselbe lehrt, lässt sich auch nichts weniger als ver-
nunftsgemäss erklären. Wie kann die Krone, die fast
noch so vollkommen ist als Gott selbst, sich zum Materiellen, Zusammengesetzten, ja bis zum Uibel, bis zu
ihrer Kehrseite gleichsam herabstufen? — Erhellt nun
aus Obigem, dass es der alten Schule nicht gelungen
sei, die von ihr selbst aufgeworfenen Fragen und Bedenklichkeiten in Bezug auf das Verhältniss zwischen
Gott und dem Universum befriedigend zu lösen, so ist
es nicht minder erweislich, dass dieselbe manche, weit
tiefer eingreifende Grundfragen in dieser Beziehung
gänzlich ignorirt oder selbst nicht gefühlt hat, und doch
sind diese gerade diejenigen, welche die eigentlichen
Fundamente des Theismus betreffen, deren Beseitigung
auch nicht, wie weiter unten dargethan werden wird,
durch die Behauptung erzielt werden könne, dass man
unserer Denkungsart die Befugniss abspricht, über das
göttliche Thun oder Wissen sich eine Meinung zu erlauben (s. Beilage Nr. 2).

Capitel V.

Die Fragen der neuern Schule. — Dieselben sind analytischer Natur. — Unterschied zwischen dem Analytischen und Synthetischen. — Die ausgedehntere Aufgabe, welche sich die neuere Schule stellt.

Alle Erörterungen der ältern Schule haben nur die Schöpfung des Universums, oder richtiger, die Art und Weise derselben, wie auch die göttliche Waltung in demselben, zum Gegenstande, und indem sie die Existenz von Gott und Universum mit Recht als einen allgemein anerkannten Ausgangspunkt nahmen, fanden sie es nicht für nöthig, die Definition dieser allerinhaltschwersten und inhaltvollsten zwei Ausdrücke näher anzugeben.

Nach der allgemeinen, seit uralter Zeit sowohl von den Philosophen als von den Rechtgläubigen ungetheilt angenommenen Erklärung, versteht man unter Gott das nothwendige, urewige, absolut geistige und einfache u n - e n d l i c h e Wesen; unter Universum alles a u s s e r dem obgedachten Wesen. Nun aber drängt sich die Frage auf: Wie kann ein E t w a s a u s s e r dem u n e n d l i c h e n Wesen existiren? Wo kann ein solches E t w a s sich befinden? Wäre es innerhalb des unendlichen Wesens, so wäre dieses kein einfaches, sondern zusammengesetztes, ist es aber ausserhalb desselben, so müsste ja e o i p s o die Unendlichkeit jenes Wesens aufhören, indem dieses ausserhalbige Etwas seine Grenze bildet.

Man sagt, Gott sei überall, wie die Sonne überall scheint und die Seele den ganzen Körper ausfüllt; aber diese Argumente sind blosse Redensarten ohne innern Sinn; die Sonne sendet wohl überall ihre Strahlen, die Seele angeblich ihre Kraft, aber nichts desto weniger sind dieselben und die von ihnen erleuchteten und belebten Gegenstände ganz verschiedene Dinge, die sich

gegenseitig ausschliessen, weil sie endlich sind. Wie aber
kann etwas neben dem Unendlichen bestehen? —
Wir haben im vorigen Capitel gesagt, dass so sehr
die Lösung jener Fragen betreffs der Weltschöpfung,
philosophisch betrachtet schwierig ist, so ist selbe doch
dem gläubigen Gemüthe möglich, während die letztge-
stellten Fragen gar nicht zu beseitigen sind. Nun soll
dieses hier näher begründet werden:
Jene Einwendungen gegen die gewöhnliche Annahme
der Weltschöpfung und Regierung beruhen auf wiewohl
philosophisch demonstrirten, doch nur synthetischen For-
dersätze; in den Begriffen: Schöpfung, Vorsehung u. s. w.
liegt nicht implicite der Begrif der Veränderung, des Affi-
cirtwerdens des Schöpfers oderRegierers; dieser muss erst
mittels Induction hinzugefügt werden; diese Induction aber
können wir nur aus dem Bereiche unseres Geistes, aus
unserer Anschauungs- und Denkweise schöpfen und der Ver-
gleich zwischen unserem beschränkten Geiste und dem
unendlichen lässt sich mit Recht in Frage stellen. —
Der Skeptiker läugnet die Apodicität jeder synthetischen
These. — Ganz anders aber ist es bei der Frage über
das Verhältniss von Gott und Universum an und für
sich genommen der Fall. Hier ist, wenn man in der
Definition Gottes den Begriff „Unendlichkeit" aufnimmt
— und, wie gesagt, wird er allgemein aufgenommen — so
insolvirt dieser Begriff die Ausschliessung irgend einer
Existenz ausserhalb derselben, wie der eben so allgemein aufgenommene Begriff der absoluten Einfachheit
Gottes jede besondere Existenz innerhalb derselben ausschliesst. Diese Ausschliessungen sind auf die
Analysis der Begriffe selbst begründet, gegen deren
Wahrheit kein Zweifel obwalten kann, weil das Gegen-
heil einen Widerspruch in sich selbst enthält. Ein

verstockter Skeptiker kann z. B. Zweifel dagegen erheben, ob zweimal zwei vier wären, nicht aber dass ein Dreieck keine vier Seiten haben kann, weil letzter Satz in dem Begriffe selbst enthalten ist. Nach dem bisher Gesagten und Begründeten, müsste man, um den Begrif jener Grundwahrheiten — die Existenz Gottes und des Universums — an die fast kein Mensch zweifelt, zu ermöglichen, die obgenannte allgemein adoptirte Definition von Gott beseitigen oder wenigstens modificiren, was aber, wie leicht verständlich, eine vollständige Revolution veranlassen möchte, sowohl im ganzen Gebiete der theologisch-metaphysischen Denkweise als selbst in dem gewöhnlichen Volksglauben aller Monotheisten, der, wenn auch mit minder klarem Bewusstsein, die absolute Einfachkeit und Unendlichkeit Gottes als ein Haupt-Dogma erachtet.

Die neue Schule der Kabbala stellt sich also keine geringere Aufgabe, als die Aufrechthaltung jener Definition ihrem ganzen Inhalte und ihrer präcisen Bedeutung nach, neben der Existenz des Universums, wie nicht minder, die Beantwortung aller jener und ähnlicher Fragen, wie sie die ältere Schule aufgestellt hat, wobei sie, wie bereits erwähnt, die Statuirungen jener Schule nicht verwirft, sondern Theils über dieselben hinausgehet, theils sie modificirt. Alle ihre Statuirungen aber, werden, was auch schon hervorgehoben wurde, nicht eigentlich demonstrirt; ihre Bewahrheitung derselben bestehet darin, dass sie durch selbe alle Probleme und Schwierigkeiten im Gebiete der Theologie und Cosmogonie löst und ebnet; sie werden durch keine Vernunftschlüsse erzeugt, aber die Vernunftschlüsse zeugen nicht gegen sie; sie sind über den menschlichen Verstand erhaben aber nicht wider ihn. Durch dieses letztere vindicirt sich die Kabbala einen wissenschaftlichen Charakter, weil in der Vermeidung des Unwissenschaftlichen, Wissenschaft liegt. In den nachfolgenden Capiteln versuchen wir diese Statuirungen darzustellen, und wo möglich, dem Verständnisse näher zu bringen.

Capitel VI.

Die zwei Wege, die zur Erkenntniss Gottes führen, der eine a posteriori, der andere a priori. — Beide geschehen auf zweierlei Arten, als Verstandesschlüsse oder als Eingebungen der Vernunft. — Eine Idee ist der Kern beider Wege wie beider Arten.

Die Wege, welche zur Erkenntniss Gottes, oder zur Vergewisserung von dessen Dasein führen sollen, waren von jeher zweierlei: Der eine von unten herauf a posteriori, der zweite von oben herunter a priori. Sowohl bei der Verstandes-Philosophie als bei der Vernunfts- oder Religionsphilosophie finden wir diese zwei Wege eingeschlagen; Erstere nennen dieselben die Beweise von dem Dasein Gottes, Letztere das Inverbindungtreten mit Gott. Der erste Weg heisst bei Jenen die cosmologischen und teleologischen, der zweite die ontologischen Beweise, bei diesen heisst ersterer die Erhebung zu Gott, letzterer das Aufnehmen Gott in sich.

Dem eigentlichen Wesen nach machen die Verstandes- wie die Vernunftsphilosophen ein und denselben Prozess des Denkens in beiden Wegen durch, unterscheiden sich nur in den Formen. Die Quintessenz des Verfahrens a posteriori ist bei Beiden Folgendes: Wir sehen in der Welt körperliche, zusammengesetzte also zufällige Dinge existiren, das Zufällige aber als Solches kann doch keine Existenz in sich haben, weil es sonst kein Zufälliges wäre, sondern ein Begründetes, d. h.

ein Nothwendiges; wir schliessen daher von dem Zufälligen auf das Nothwendige oder wir erheben uns von dem Zufälligen zu dem Nothwendigen, was dasselbe, nur mit andern Worten ausgedrückt ist.

Dasselbe Resultat in zweierlei Formen dargestellt gibt auch das Verfahren a priori; wir setzen den Begriff einer nothwendigen Existenz mit Recht als unzweifelhaft voraus und aus dieser leiten wir die Existenz des Universums ab, was gleich bedeutend ist mit den Ausdrücken: wir nehmen Gott überall wahr und folglich auch in uns.

Es stellt sich auch bei tieferem Eindringen in diese beiden Verfahrungsarten heraus, dass dieselben sich gegenseitig ergänzen, oder richtiger, dass sie eigentlich nur zwei Seiten des einen Begriffes sind. Es wird sich dieses im Verlaufe gegenwärtiger Erörterungen verdeutlichen, indem wir sehen werden, dass die Kabbalisten, die natürlich zu den Vernunft- oder Religionsphilosophen gehören, diese zwei Verfahrungsarten vereinigend, ihr System der Religionsphilosophie aufstellen, vorerst aber müssen zu diesem Behufe die oben kurz berührten cosmologischen, teleologischen und ontologischen Beweise oder die vernünftige Erhebung zu Gott, wie auch die vernünftige Aufnahme Gottes in uns näher entwickelt, das Wirkliche, Concrete aus der dialektischen, abstract scheinenden Form hervorgehoben werden.

Capitel VII.

Widerspruch zwischen der Zufälligkeit und der Existenz. — Aufhebung dieses Widerspruches in einem höhern Principe. — Vereinigung des teleologischen und ontologischen Beweises in demselben. — Ein neu entdeckter Widerspruch. — Wie die Kabbala denselben löst.

Das Universum besteht und ist erfüllt aus und von einer Masse von Gegenständen, die zusammengesetzt, endlich, vergänglich und veränderlich sind, daher zufällig sein müssen, d. h. es muss kein nothwendiger Grund ihres Daseins vorhanden sein, in welchem Falle sie immer existiren, nicht erst aus schon bestandenen Materialien combinirt sein, nie und nirgend enden und sich nie ändern müssten. Die Existenz eines Zufälligen aber, enthält einen Widerspruch in sich selbst; der Begrif des Zufälligen als Solches — Accidenz — schliesst jede Existenz aus, welche nur den Substanzen, oder richtiger, der Substanz zukömmt. Man sagt zwar, das Zufällige hätte wohl keine nothwendige, aber doch eine mögliche Existenz, was aber ohne eigentlichen Sinn sei, denn erstens kann doch einem Gegenstande nicht dasjenige zugeschrieben werden, welches er eben so gut nicht als ja haben kann, und zweitens ist doch die Definition des Möglichen, dass es in sich keinen Widerspruch enthält, die Existenz des Zufälligen aber, enthält, wie oben dargethan, wohl einen Widerspruch.

Um also in keine Paradoxie zu verfallen, die Existenz des Zufälligen — des Universums — zu läugnen, muss man seine Zuflucht zu etwas nehmen in welchem obige zwei Gegensätze — Existenz und Zufälligkeit — nicht stattfinden, nämlich zu dem absolut Nothwendigen, d. h. man muss annehmen die sich kundthuende Existenz des Zufälligen sei nicht seine eigene, sondern die des absolut Nothwendigen, sie wäre, so zu sagen, eine geborgte Existenz, oder, wie dieses populär ausgedrückt wird, sie ist das Werk Gottes.

Wir werden weiter unten sehen, wie der menschliche Geist auch mit diesem, gleichsam, Aushülfsmittel, sich nicht befriedigt genug findet und in der Jdee der Existenz Gottes im Zufälligen vortgeschritten sei, vorläufig aber nehmen wir dieselbe, wie sie eben dargestellt wurde, so lässt sich schon aus derselben der Uibergang von dem Verfahren, a posteriori zu dem a priori, oder richtiger, wie diese beiden Verfahrungsweisen identisch sind, entnehmen; denn, indem man dem Zufälligen die Existenz des Absoluten vindicirt, d. h. sich zu Gott erhebt, ziehet man eo ipso das Absolute in das Zufällige, d. h. Gott gleichsam in uns herein.

Nun nehmen wir aber in den zufälligen Dingen des Universums nicht blos ihre Existenz wahr, sondern auch ihren Zusammenhang, das Regel- und Zweckmässige in demselben; wir erkennen in ihnen ein organisches Leben, welches die Einheit in der Vielheit, den Gesammtzweck unter den an und für sich zweckmässig existirenden Einzeldingen bildet; dieses Leben aber kann eben so wenig und noch weniger als die Existenz, das Eigenthum der Zufälligkeit und Endlichkeit sein, daher wiederum auf das unendliche, nothwendige Leben zurückgeführt werden muss, was der Verstand als Beweis folgendermassen ausdrückt: Wir sehen in der Welt wie auch in jedem organischen Körper einen Zusammenhang, eine zweckmässige Einrichtung, einen Bau, der den Regeln der Weisheit entspricht; den körperlichen Dingen als solchen, kann man doch diese Weisheit nicht vindiciren, folglich muss dieselbe der allgemeinen Weisheit angehören; dasselbe wiederum a priori genommen, bringt ungefähr folgenden Schluss heraus: Gott ist der Inbegrif aller Realitäten in ihrer vollständigen Vollkom-

33

menheit und Unendlichkeit — indem von ihm alle Realitäten ihre Existenz borgen — folglich ist es seine unendliche Weisheit — das realste aller Realitäten — die sich hienieden kundthut; diesen Beweis nennt man in der ersten Art — a posteriori — ausgeführt, den teleologischen, in der zweiten Art — a priori — den ontologischen.

Durch diese letztern zwei Beweisarten geschah in so fern ein Fortschritt in unsern Begriffen von Gott und Universum, als wir über das blosse nackte Dasein derselben hinausgekommen und in Ersterer die Quelle aller Weisheit, in Letzterer die Gebarungen dieser Weisheit erkannt haben. Allein, wie bereits oben angedeutet, der menschliche Geist findet in der Erklärung, dass die Existenz des Zufälligen, Endlichen die Existenz Gottes wäre, noch den Widerspruch zwischen Existenz und Zufälligkeit nicht gänzlich gehoben; war er vor dieser Erklärung veranlasst, die Existenz des Zufälligen zu läugnen — ein sogenannter Idealist zu werden — so will er nach derselben, dem Zufälligen gleichsam die Zufälligkeit absprechen — zum Materialismus übergehen — denn, argumentirt er, ist es die Existenz Gottes, welche im Universum ruhet, so kann dieselbe nicht mehr eine zufällige sein. Das Absolute kann doch in sich keinen zufälligen Theil haben.

Die Lösung dieses Widerspruches ist die hauptsächlichste Aufgabe der Kabbala, respective der neuen lorie'schen Schule, auf die in folgenden Capiteln zu entwickelnde Weise.

3

34

Capitel VIII.

Die enge Verbindung zwischen dem Unendlichen und Endlichen. —
Man kann von dem Einen auf das Andere schliessen. — Uiberall
entdeckt der Verstand einen Dualismus von Wesen und Erscheinung. —
Die Kabbala unterscheidet zwischen dem „Unendlichen" schlechtweg
אֵין סוֹף und dem unendlichen Lichte אוֹר אֵין סוֹף.

Nachdem aus früheren Erörterungen so viel als
festgestellt anzunehmen ist, dass die Existenz der Welt,
wie deren organisches Leben --- d. h. der weise, zweckmässige Bau derselben — aus der Existenz und Weisheit
Gottes entquillt, so ist hiemit die enge Verbindung zwischen dem Geistigen und Körperlichen, zwischen den'
unendlichen und den endlichen Dingen ausgesprochen,
indem das Wesen, der Bestand des Letztern nur in
dem Erstern zu finden sei, oder, wie die Kabbalisten
sich ausdrücken, Letztere wären die Schatten des Erstern,
dessen Nachbilder. Dieser Voraussetzung zu Folge, meinen die Kabbalisten, wäre man nicht unberechtigt, von
der körperlichen, unsichtbaren Welt, Einiges, das Allgemeine betreffend, auf das Geistige, Unsichtbare zu schliessen, indem dieses das Prototyp von jener sei und daher
derselben ähnlich sein soll, wie das Vorbild dem Nach-
bilde; es wäre auch die menschliche Erkenntniss von
allem Geistigen, Unsichtbaren fast eine reine Unmöglichkeit, wenn wir nicht auf dasselbe von dem Sichtbaren
schliessen können sollten, denn jenes ist uns ja unzu-
gänglich; wir müssen immer ein bekanntes *a* haben, um
das unbekannte *x* zu erkennen.

Nun sehen wir, dass alles in der sichtbaren Natur
ohne irgend eine Ausnahme aus zweierlei Dingen besteht, nämlich aus Wesen und Erscheinung, oder wie
man es minder präcis benennt, aus Materie und Form.
In der ganzen Natur nehmen wir nur wahr z. B. die

Farbe, die Gestalt, die Schwere, den ausströmenden Ge-
ruch, die sich reflexirenden Strahlen der Gegenstände
u. d. gl., wissen aber doch, dass der Gegenstand selbst
nicht blos aus diesen seinen Eigenschaften besteht,
sondern selbst etwas ist, das alle diese Eigenschaften
trägt. Jenes also ist das Wesen, die Materie, diese gehören zur Ercheinung des Gegenstandes. Sowohl die
zufälligen als selbst die wesentlichen Eigenschaften eines
Gegenstandes füllen sammt und sonders noch nicht den
ganzen Begriff des Gegenstandes aus; ein Körper hat
Ausdehnung — diese ist seine wesentliche Eigenschaft,
weil zum Begriff des Körpers gehörend — er hat auch
Farbe — was wiederum eine zufällige Eigenschaft sei —
aber der Körper ist es, der Ausdehnung und Farbe hat,
folglich etwas Anderes ist als Ausdehnung und Farbe.
Und gerade dieses Etwas, das alle Eigenschaften hat —
trägt — entzieht sich unserer Wahrnehmung, weil wir
nur die Erscheinung, nicht aber das Wesen eines
Gegenstandes wahrnehmen können.

Die Kabbalisten nennen bildlich das Wesen מאור
das Leuchtende, die Erscheinung aber אור das Licht;
die Sonne z. B. an und für sich genommen, sagen sie,
wäre das Leuchtende, was wir von derselben wahrnehmen, das Licht.

Dieser in der ganzen sichtbaren Natur sich mani-
festirende Dualismus, oder noch richtiger Widerspruch —
Wesen schliesst jede Ercheinung, wie umgekehrt die Erscheinung jedes Wesentliche aus — der aber in dem
Gegenstande identificirt und aufgehoben, vereinigt und
geeinigt wird, soll auch — natürlich auf ganz anderer,
so zu sagen, unvergleichlich höherer Weise — in den
unsichstbaren höchsten Regionen, ja sogar in den allerhöchsten Regionen stattfinden. Das allgemeine, absolute,
reingeistige, unendliche Wesen hat auch eine, wohl mit
*

sich eine absolute Einheit bildende, eben so unendliche, reingeistige, allgemeine Erscheinung.*) Ersteres nen-

---

*) Diese Meinung, dass selbst die geistigen Dinge aus Wesen und Erscheinung bestehen und bestehen müssen, finden wir unter den jüdischen Philosophen am allerersten bei Saloman Ibn Gebirol ausführlich begründet in seinem Werke Fons vitae — Quelle des Lebens — dessen Auszug in hebräischer Sprache von Rabbi Schem Tob Ibn Falkera, der gelehrte Munk nebst französischer Uibersetzung und einer vortrefflichen Analyse desselben edirt hat; diese Meinung hat aber schon in früherer Zeit vielen Widerspruch gefunden, besonders hat Rabbi Abraham Ben Daud in seinem Buche Emune Rama — der erhabene Glaube — dagegen sehr geeifert (s. Ed. Weil Frankfurt am Main 1852, Text S. 12 u. 364 und deutscher Uibersetzung S. 17 u. 380), „doch nur bei Körpern", sagt derselbe, „findet sich Form und Materie und Ibn Gebirols Behauptung, dass auch die Engel aus Materie und Form beständen, ist, da er dem Einfachen Zusammensetzung zuschreibt, falsch." Uns scheint, dass der in der alten lateinischen Uibersetzung, wie im Französischen des Herrn Munk gebrauchte Ausdruck Materie nicht präcis sei; im hebräischen Auszug heisst es nicht חומר „Materie", sondern יסוד Grund, was mehr dem Begrif Wesen oder Substanz entspricht. Dass nun alle Dinge, materielle wie geistige, ein Wesen haben, wird wohl Niemand absprechen wollen, es lässt sich aber auch kaum begreifen, wie man sich solche ohne Form und doch verschieden denken konnte, da nur die Form den Unterschied zwischen einem Dinge und dem andern bilden kann, nicht aber das Wesen, welches bei allen Dingen doch nur eines und dasselbe ist. Ibn Esra behauptet auch diese Meinung, dass Alles ausser Gott sich in zweierlei unterscheiden lässt, nur nennt er ausdrücklich Wesen und Form עצם וצורה. Auch die Kabbalisten theilen diese Meinung, aber sie gehen hierin, wie aus unserem Texte zu ersehen, noch einen Schritt weiter (s. Beilage Nr. 4). Auch die Annahme des Urwillens, und zwar hypostasirt, finden wir schon bei Ibn Gebirol ausführlich entwickelt, Theils im gedachten Fons vitae, Theils in einer andern, nur demselben gewidmeten Abhandlung, die er citirt, die aber verloren gegangen zu sein scheint; Eramae in Akedath Jitzchak Pforte I. scheint diese Statuirung des Urwillens nicht gekannt zu haben, weshalb er den Worten Gebirols im Kether Nalches „ומחכמתך אצלת חפץ מוזמן, כפועל ואומן" eine ganz falsche Bedeutung gegeben.

nen die Kabbalisten אין סוף „Unendliches" schlechtweg,
Letzteres אור אין סוף das unendliche Licht.

Obwohl wir auch von Letzterer — der Erscheinung —
als unendlich, keine Wahrnehmung in gewöhnlicher Bedeutung dieses Ausdruckes haben können, jedoch erschliesst sie sich, zum Theil und graduell dem vernünftigen Denken, während vom Erstern — dem Wesen —
nur das Dasein geahnt oder auf dasselbe geschlossen
werden kann, weil eine jede Erscheinung ein Wesen,
das erscheint, voraussetzt.

Alles also, was die Lehre — die Kabbala — be-
spricht und feststellt, hat nur Bezug auf die unendliche
Erscheinung אור אין סוף, nicht aber auf das unendliche
Wesen אין סוף, welches ausserhalb dem Bereiche eines
jeden Denkens, geschweige Sprechens ist (s. Beil. Nr. 3).

Durch obige Voraussetzung glauben die Kabbalisten
einen bedeutenden Vorwurf beseitigt zu haben, der fast
allen Philosophieen gemacht wird, nämlich, indem sie
von Gott sprechen, anthropomorphiren sie ihn schon
eo ipso, weil wir doch nur von Etwas sprechen können,
das wir uns vorzustellen im Stande sind, jede Vorstellung von Gott aber ein Anthropomorphismus wäre;
diesem Vorwurf hat die Kabbala in so fern ausgewichen,
als sie nicht von Gott an und für sich — vom אין סוף —
sondern von dessen Erscheinung אור אין סוף spricht, in
dem Begriff Erscheinung aber liegt schon das Sichbekanntgeben einem Andern ausser sich, freilich, wie weiter
unten erörtert werden wird, auf eine ganz allgemeine
und vom gewöhnlichen Sichbekanntgeben verschiedene Art.

Capitel IX.

Die Kabbalisten scheinen in Gott selbst Wesen und Erscheinung zu
unterscheiden. — Kühnheit und Bedenklichkeit dieser Unterscheidung. — Rechtfertigung der Kabbalisten.

Aus vorigem Capitel, besonders aus der Anmerkung,
ersehen wir, dass auch nicht-kabbalistische jüdische Autoritäten keinen Anstand nehmen, in allen geschaffenen
Dingen Wesen und Form oder Wesen und Erscheinung
zu unterscheiden. Allein die Kabbalisten gehen, wie
gesagt, einen Schritt weiter, indem sie auch der ersten
Ursache, dem אין סוף eine Art Erscheinung zuschreiben
zu wollen scheinen. Dieser Schritt wäre in der That ein zu kühner und
die Kabbala um so mehr verdächtigender, als jene eben
gedachten Autoritäten ausdrücklich die erste Ursache
als einiges erstes Wesen von allem andern Geistigen hierin unterscheiden. Gott selbst in Wesen und
Erscheinung auseinanderlegen, heisst die allgemein angenommene, respective demonstrirte Einfachheit Gottes
gefährden (s. Beil. Nr. 4). Allein die fernern Auseinandersetzungen werden zeigen, dass die Kabbala eben so
gut entfernt ist, der unbedingten Einfachheit Gottes nur
im Mindesten etwas zu vergeben, vielmehr ist der Zweck,
wie der Inhalt dieser ganzen Lehre, die strickteste Einigkeit
Gottes aufrecht zu erhalten und die Möglichkeit derselben
bei der nicht zu läugnenden Existenz des Universums
begreiflich zu machen, wozu sie den ganzen Apparat der
im ersten Augenblicke so abschreckenden technischen
Ausdrücke, als: Zusammenziehung צמצם, Uibersprude-
lung des Lichtes בקיעת האורות, Auseinandergehen der
Gefässe שבורת הכלים, Copulation זיוג, Schwangerschaft
עיבור, u. s. w. anwendete. Wir werden sehen, wie diese
Ausdrücke nicht nur keine Anthropomorphismen waren,

wie manche glauben wollen, nicht bur gerade im Gegen-
theile dazu dienen sollen, jeden Schatten eines Anthropomorphismus von Gott zu entfernen, sondern dass sich
auch fast alle diese Technici zerstreut in den anderen
Philosophieen vorfinden, und hier nur enger zusammengestellt und weniger beleuchtet worden sind. Vor allem
muss die eigentliche Bedeutung der von den Kabbalisten
statuirten Unterscheidung von Gott und seiner Erscheinung, auf welche Weise sie diese verstanden haben,
festgestellt und nachgewiesen werden, dass sie die ganze
Tragweite dieser Statuirung, das Bedenkliche und Kühne
in derselben nicht verkannt und daher sich bestrebt
haben, dieselbe theils speculativ auf einer gerechtfertig-
ten Art zu begründen, theils die Besprechung und Erklärung derselben den alten Urkunden, als Talmud und
Midraschim zu vindiciren.

Capitel X.

Wesentlicher Unterschied zwischen der Erscheinung, die von Gott
behauptet wird und der von allen Dingen ausser Gott. — Gott ist
ohne Erscheinung denkbar, während bei den andern Dingen Wesen
und Erscheinung sich gegenseitig bedingen.

Die Erscheinung, welche die Kabbalisten selbst bei
der ersten Ursache annehmen zu müssen glauben, unterscheidet sich wesentlich von der bei allem ausser Gott,
dass jene nicht zum Begriff Gottes gehört, während jedes andere Ding nur in der und durch die Erscheinung
begriffen werden kann, oder mit andern Worten, Gott
kann ohne Erscheinung als wirklich, die Erscheinung
aber nicht ohne ihn gedacht werden, alles ausser Gott

hingegen ist ohne seine eigene Erscheinung — Form — als wirklich undenkbar.

Die Erscheinung Gottes ist nach den Kabbalisten nicht in der Art wie bei andern erscheinenden Dingen zu nehmen, sondern in einer gewissen Beziehung, sie ist, bildlich ausgedrückt, selbst das Werk Gottes, worüber weiter unten ausführlicher.

Wenn wir aber sagten, das Wesen Gottes ist ohne seine Erscheinung denkbar, so soll darunter nicht verstanden werden, wir können über das Wesen Gottes denken, wir können irgend einen Begriff von diesem Wesen haben, was eine absolute Unmöglichkeit ist, indem wir gar keine Wesen, geschweige ein unendliches zu begreifen im Stande sind; wir können nur auf die Denkbarkeit, respective auf das Dasein Gottes an und für sich schliessen mittels der Erscheinung; indem wir von der Erscheinung Gottes überzeugt sind, müssen wir die Existenz seines Wesens voraussetzen, da es keine Erscheinung ohne Wesen, das erschienen ist, geben kann. Bei allem Endlichen aber bedingen sich Wesen und Erscheinung gegenseitig, beide, wenn auch oder weil sich widersprechend, gehören sie zu dem Begrif eines jeglichen endlichen Dinges. Ihre Zusammensetzung, die Aufhebung ihres Widerspruches wurzelt in dem Höhern, dem Unendlichen — Gott. In diesem aber kann keine Zusammensetzung, kein Widerspruch stattfinden; es muss sein Wesen also an und für sich denkbar, d. h. existirend sein.

Ist nun also nachgewiesen, dass wir von dem Wesen Gottes als solchem nicht den mindesten Begriff haben oder haben können, so folgt natürlich daraus, dass wir von demselben zu sprechen ganz und gar nicht berechtigt sind, dass daher alles, was die Kabbala von Gott und seinen unmittelbaren Wirkungen aussagt, sich nur auf die Erscheinung Gottes beziehet. Dieses können die Kabbalisten, besonders seit Rabbi Isaac Lorie, nicht genug wiederholen und warnen, dass man ja nicht glaube, sie sprechen etwa von Gott an und für sich genommen (s. Beil. Nr. 3).

Capitel XI.

Die von den Kabbalisten selbst gestellten Einwendungen gegen die Statuirung der Erscheinung Gottes. — Ein Einwand gegen die Möglichkeit, dieses Problem zu lösen. — Die Kabbala erklärt ihre Lösung wie ihre Lehre überhaupt als eine nur subjective. — In wie fern das Subjective für uns einen objectiven Werth hat.

Nachdem im vorigen Capitel nachgewiesen wurde, dass Gott als blosses Wesen denkbar, respective existirend ist, fragt sich nun, auf welche Weise entstand die Erscheinung desselben? Wie ist eine solche möglich und erklärbar?

Wir geben hier die Fragen und Einwendungen, welche die Kabbalisten gegen die Existenz der Erscheinung Gottes aufgeworfen, um, wie sie sagen, durch deren Lösung den wahren Monotheismus unerschütterlich zu begründen:

a) Eine jede Erscheinung hat eine Form, weil nur was eine Form hat, erscheinen kann, wie zum Begrif der absoluten Substanz die Unerscheinbarkeit gehört, eine jede Form aber setzt eine Endlichkeit voraus, wie kann also das Unendliche in die Erscheinung kommen?

b) In dem Begriff Erscheinung liegt vorausgesetzt das Dasein von Etwas, für das und zu dem die Erscheinung erscheint; welche Bedeutung also hat die Erscheinung Gottes vor Entstehung des Universums, in welcher

Zeit noch nichts ausser ihm vorhanden war? Die Erscheinung aber müsste der Entstehung des Universums vorangegangen sein, weil das Universum nur, wie die Kabbala dargethan, in der Erscheinung denkbar ist.

c) Selbst nach Entstehung des Universums hat dasselbe, wie bereits erörtert, keine eigentliche besondere Existenz, nur die ihm inwohnende Existenz Gottes. Für wen also wäre die Erscheinung Gottes? Im Grunde existirt ja nichts ausser Gott. Eine Erscheinung an und für sich, ohne etwas, dem sie erscheint, ist ein leerer Ausdruck ohne Inhalt.

d) Zwischen einer Erscheinung und demjenigen, dem sie erscheint, muss ein gewisses Verhältniss stattfinden; Man sagt nicht z. B.: diese Idee ist dem Zimmer erschienen, oder: die Sonne erschien dem Verstande, sondern: die Idee erscheint dem Verstande, die Sonne dem Zimmer, weil beide erstere geistiger, beide letztere körperlicher Natur sind; indem nun aber zwischen dem Wesen Gottes und allem ausser ihm kein Verhältniss bestehet oder bestehen kann, wie kann also dasselbe erscheinen?

Diese Fragen, wie sie die Kabbalisten stellen (siehe Beil. Nr. 5), sind allerdings auf die Spitze getrieben, sollen aber dazu dienen, einerseits, wie gesagt, die Lösung aller cosmogonischen Räthsel um so eher zu fördern, andererseits, um die streng absolute Einfachheit Gottes, trotz der bildlichen Terminologie, deren sich die Kabbala bedienen muss, desto deutlicher hervorzuheben.

Der Möglichkeit einer Beantwortung obiger und ähnlicher Fragen aber stellt sich von vorne herein folgende sehr gewichtige Schwierigkeit entgegen: indem wir die Denkbarkeit der Erscheinung Gottes erklären und die dagegen erhobenen Einwendungen beseitigen wollen, stehen wir ausserhalb der Erscheinung,

d. h. über derselben, unser Standpunkt ist noch in Gott
an und für sich genommen; wie aber oben evident dargethan, dürfen und können wir über Gott ausserhalb
der Erscheinung nicht das allermindeste aussprechen.
Auf welche Weise wollen wir also eine Erklärung über
die Erscheinung Gottes abgeben, da es uns nur in derselben zu denken und zu sprechen möglich sei?

Die Kabbalisten suchen daher vor allem ihren Standpunkt klar zu machen, die Tendenz wie den Inhalt ihrer
Lehre zu begrenzen, um jedes Missverständniss von vorne
herein zu verhüten; sie gestehen, dass ihre Lehre nur
eine subjective Tendenz und einen subjectiven Inhalt hat,
dass Alles, was sie in der Theologie und Cosmogonie
aussprechen, nur innerhalb der Grenzen unseres subjectiven Erkenntnissvermögens, unserer subjectiven Denkweise auf Wahrheit Anspruch machen kann, was aber
für uns genügend und in so fern als eine objective
Erkenntniss angenommen werden dürfte, als wir das
Objective überhaupt nicht an und für sich genommen,
sondern nach unserer subjectiven Auffassung zu erkennen
im Stande sind und als die Tendenz der theologischen
und cosmologischen Lehre nur die in uns tief zu be-
gründende Uiberzeugung sein soll von der absoluten
Einheit und Allgegenwart Gottes.

Von diesem Standpunkte aus betrachtet, ist der viel
behauptete und viel bestrittene Satz, dass Denken und
Sein identisch wären, gewiss wahr, weil für uns das
vernünftig Gedachte auch ein wirkliches und objectives
Dasein hat, wenn auch nur in unsern Gedanken.

Es wird sich weiter unten die Wahrheit und Wichtigkeit dieser Behauptung herausstellen, vorläufig soll
sie uns nur dienen, um das Verfahren der Kabbala zu
rechtfertigen, wenn sie, wie aus folgendem Capitel zu
ersehen, die Enstehung der Erscheinung Gottes nach

44

unserer subjectiven Denkweise erklärt, es gemäss uns
von Gott und seiner Erscheinung so viel zu begreifen,
als dieser Begriff uns möglich und nothwendig ist.

Capitel XII.

Gott ist der Inbegrif aller Realitäten und folglich auch des Endlichen. — Die zur Verwirklichung dieses Begriffes nothwendigen Concentrationen צמצמים. — Erste Concentration ad intra, zweite
Concentration ad extra. — Der menschliche Geist ist das Nachbild
des Allgemeinen und der Prozess im menschlichen Denken das des
Prozesses des allgemeinen Geistes. — Kabbalistische Technici, um
die Transscendenz aufrecht zn erhalten.

So wenig wir auch von der ersten unendlichen Ursache wissen und wissen können, so ist doch unsere
subjective Uiberzeugung und Definition von derselben,
dass sie der Inbegriff aller Realitäten ist, weil sie sonst
nicht die allgemeine erste Ursache wäre; in so fern muss
dieselbe in sich auch alle endlichen Realitäten begreifen, obwohl diese als endliche keine selbstständigen Realitäten sind, denn eben darum, dass sie keine
eigene Realität haben und dieselbe sich gleichsam vom
Unendlichen borgen müssen, muss das Unendliche sie
umfassen. Das Endliche wurzelt also schon, wenn auch
auf eine ganz verborgene und uns unerklärliche Weise
im Unendlichen, wenigstens können wir es uns nicht
anders denken. Das Unendliche gehet nach unserer
Denkungsart über das Endliche hinaus, schliesst es
aber nicht aus, weil einerseits Unendliches und Etwas
ausschliessen, einen Widerspruch enthält, indem das Aus-
geschlossene seine Grenze bilden möchte, was dem Begriff unendlich widerspricht; anderseits kann das Endliche

als ausgeschlossen nicht bestehen, weil es, wie bereits
erörtert, keine eigene Existenz hat.

Dieses Wurzeln des Endlichen im Unendlichen, was
die Kabbalisten אור הגנוז בעצמותו nennen, ist der erste
Keim der Erscheinung, d. h. damit das existenzlose Endliche sein soll, muss ihm eine Schein existenz gegeben
werden, oder, wie sich die Kabbalisten populär ausdrücken,
die Erscheinung ist von Gott geschaffen אור בבחונת
ברואה, was so wiel heissen soll, dass dieselbe nicht das
Wesen Gottes ausmacht oder ausfüllt, sondern eine Abbildung seines Wesens ist.

Nun aber sind Wesen und Erscheinung zwei aus-
einandergelegte Begriffe, d. h. wir können uns kein Etwas denken, das zugleich Wesen und Erscheinung
wäre, sondern wir begreifen nur die Erscheinung als
etwas Gesondertes, das Wesen Verhüllendes, weshalb,
um dieselbe bei der ersten Ursache anzunehmen, die
allererste Concentration צמצום הראשון gedacht werden
muss. Die erste Ursache, um ihrem Begriffe als Inbegriff
aller Realitäten — selbst der endlichen — zu entsprechen, hat ihre Wesenheit gleichsam zurückgezogen, beschränkt, verhüllt, damit die Erscheinung ermöglicht
werde.

Diese allererste Concentration war noch gar kein
Schöpfungsact, d. h. kein Uibergang vom Sein zum Werden, vom Unendlichen zum Endlichen, von der absoluten
Einheit zum Mannigfaltigen, sie machte nur, wie gesagt,
möglich die Erscheinung — das Licht — welche noch
immer eine unendliche war, in der keine Schöpfung,
keine Mannigfaltigkeit, ja nicht einmal eine Form, in
dem gewöhnlichen Sinne des Wortes, zu denken sei;
erst in dem durch diese Concentration möglich und wirklich gewordenen unendlichen Lichte אור אין סוף — in
der Erscheinung — können wir den Keim des, den

Uibergang zum Endlichen, Bestimmten, Mannigfaltigen
uns denken, und zwar mittels einer zweiten Concentration השני הצמצום.

Diese zweite Concentration stellen die Kabbalisten
folgender Weise dar: Das unendliche Licht hat seine
Unendlichkeit´ zusammen- und zurückgezogen, damit das
Endliche wahrnehmbar werde, oder mit andern Worten
nach kabbalistischer Terminologie, es entstand ein leerer
Raum מקום פנוי, d. h. ein von der Unendlichkeit aus-
geleerter Raum, weil diese die Wahrnehmung unmöglich macht; nur ein Strahl des unendlichen Lichtes beleuchtet gleichsam diesen leeren Raum, was so viel heissen
soll, als das Unendliche, an und für sich genommen, verwirklicht sich — wird für uns begreifbar —
in der Erscheinung als eine unendliche Summe von endlichen Dingen. Das Endliche ist
an und für sich existenzlos, das Unendliche
als Solches unwahrnehmbar, nur durch das
Licht des Unendlichen erscheint das Endliche daseiend, wie durch das Endliche das Unendliche wahrnehmbar.

Der Möglichmachung einer Schöpfung, wie der Existenz von Etwas ausser Gott überhaupt, müssen also,
nach der Kabbala, verschiedene Gebarungen vorangehen,
nämlich: vor Allem die allererste Concentration der
Wesenheit Gottes, damit die Erscheinung möglich werde,
das unendliche Licht אור אין סוף, die Selbstoffenbarung
ad intra. Diese allererste Concentration, meinen die
Kabbalisten, wäre auch die allerschwierigste, d. h. für
uns unbegreiflichste, weil sie im Unendlichen selbst vorgehen müsste, während alle andern nur in der Erscheinung — im unendlichen Lichte — stattfanden oder
stattfinden, weshalb sie dieselbe auch בקיעה nennen, ein
Einschnitt, ein Riss, was ausdrücken soll, dass im Un-

endlichen eigentlich nichts vorgegangen, sondern, wie
man durch einen, in einer Sache sich befindlichen Riss,
in das Innere derselben hineinschauen kann, ohne dass
in ihr selbst nur das Mindeste vorging. Es wurde nämlich jener so tief verborgene K e i m
der Erscheinung, der in dem, wie oben angedeutet, In-
begriff aller Realitäten ruhete, gleichsam durch den Riss
sichtbar, was die Erscheinung hervorbrachte oder hervorbringt.

In dieser unendlichen Erscheinung — Offenbarung ad intra — muss aber wiederum eine zweite
Concentration vorgehen צמצום השני, um die Erscheinung
des Endlichen zu ermöglichen — die Offenbarung a d
extra; — das Unendliche in der Erscheinung müsste
sich zurückziehen, um einen leeren Raum für das Endliche zu lassen, in diesen leeren Raum aber wiederum
einen Strahl von sich zu senden, um die Existenz des
existenzlosen Endlichen hervorzubringen.

Wir haben bereits die Bedeutung obiger Ausdrücke
angedeutet, dass nämlich i n d e r E r s c h e i n u n g d a s
U n e n d l i c h e a n u n d f ü ŕ sich a l s A b s t r a c t u m
u n d n u r i m E n d l i c h e n a l s e i n e W i r k l i c h k e i t
b e t r a c h t e t w i r d, d. h. wir sehen in dem Unendlichen
nur eine unendliche Reihe von Endlichkeiten, obwohl
wir das Unendliche an und für sich ahnen, weil das Endliche keine Existenz hätte, wie oben ausführlich auseinandergesetzt wurde. Das unendliche Licht hat sich
zurückgezogen, einen leeren Raum lassend — d. h.
scheint uns als etwas Leeres, Abstractes — sendet nur
einen Strahl קו, um das Endliche zu beleuchten — d. h.
lässt uns auf seine Existenz ahnend schliessen.*)

---

*) Die Kabbalisten, um einerseits vom Unendlichen jede That,
Jede Veränderung, jedes Afficirtwerden fern zu halten, anderseits aber

Es soll dieses alles aber nicht der blosse dialekti-
sche Prozess unseres subjectiven Denkens sein — unser
subjectives Denken könnte dem Endlichen keine, wenn
auch zufällige Existenz verschaffen — sondern dieser
hat in der Erscheinung eine objective Realität durch
den göttlichen Willen, auf den weiter unten zurückgekommen werden wird.

Um aber das bisher Gesagte, besonders in Betreff
der Concentrationen und der Sendung des unendlichen
Strahles begreiflicher zu machen, glauben die Kabbalisten
ihre Zuflucht zu Beispielen aus dem Prozesse des menschlichen Denken und dessen Mittheilungen zu nehmen,
weil der menschliche Geist ein Theil des allgemeinen
Geistes sei und daher seine Operationen, Nachbilder —

Nichts ausser demselben existiren zu lassen. erschöpfen sich in Ausdrücken, welche diese Ideen nach ihrer Meinung darstellen und erklären sollen und verfielen sogar manchmal in Wortspielereien; jene
allererste Concentration nennen sie אַוֵיר äer Luft, das durchsich-
tigste Element, durch welches jener Keim der Erscheinung durch-
scheint. Das אַוֵיר wird אַוֹר ⹂ Erscheinung, das ו des אַוֵיר ⹂ einem
Punkte, ist eben jener unwahrnehmbare Keim, von dem das offenbarte Licht herstammt, während er selbst noch das verborgene Licht
sei אַוֹר הַגָנוּז, das Aufgehobenwerden des Endlichen durch das Unendliche — die Erkenntniss der Nichtigkeit des Endlichen gegenüber
dem Unendlichen — wird die Auflösung שְׁבוֹרָךְ benannt; indem aber
das Unendliche das Endliche setzt — dem Endlichen eine Existenz
leihet — so heisst dieses die Zusammenfügung הִתְקוּן. Es wird nämlich das Endliche dem Unendlichen zugefügt, mittels weiter zu erör-
ternder Gebarungen. Im Allgemeinen wird diese Anfügung als Haare
שְׂעָרוֹת betrachtet, die wohl ein integrirender aber kein wesentlicher Theil des Menschen sind. In demselben Verhältniss stehen
die Endlichkeiten zum Unendlichen, sie müssen wohl ein integrirender Theil des Unendlichen sein, weil ausser demselben keine Existenz möglich ist, jedoch in so fern kein wesentlicher, kein nothwendiger als die Erscheinung — das Endliche ist nur als Erscheinung
denkbar — nicht das Wesen Gottes und nur durch seinen freien
Willen vorhanden ist, worüber weiter unten ausführlicher.

natürlich nicht ganz adäquat — des allgemeinen Geistes
seien dürfen , so dass von jenen auf diese geschlossen,
wenigstens durch jene diese erklärt werden können.
Wenn Jemand, sagen sie, seine tiefen durch enormes
Wissen hervorgegangenen Ideen einem minder Begabten
mittheilen will, so muss er vorerst seine ganze Denkungsart der Fassungskraft des Zuhörers anpassen; er
muss einen Augenblick den eigentlichen Kern seiner Idee ganz bei Seite schieben, und mehr die Einkleidung derselben als diese selbst erfassen; diese Einkleidung selbst wiederum nach der Auffassungskraft, nach
dem Wissen des Zuhörers modificiren, jedoch aber durch
diese Einkleidung einen Funken seiner tiefen Weisheit
durchschimmern lassen, damit der Zuhörer so viel als
möglich das Wahre und Eigenthümliche der Idee selbst
begreife. Bei allem diesen verschiedenartigen Verfahren
bleibt die Weisheit und die ursprüngliche Idee des Den-
kers unverändert und sich immer gleich, nur dass sie
anfangs bei Seite geschoben wurde, um der erforderlichen
Einkleidung Platz zu machen, dann aber im entsprechenden Maasse wieder hervorzutreten, um die Einkleidung
zu beleuchten; diese Einkleidung selbst aber sei eigentlich auch nicht etwas anderes als ein Schattenriss der
Idee selbst; in jeder Phrase, in jedem Ausdruck, in jedem
Worte erscheint ein Stral, ein Funke der ganzen Idee.
Die Kabbalisten spinnen dieses Beispiel vom menschlichen Denken und der Mittheilung des Gedankens weitläufig aus, in jeder Phase desselben eine Abspiegelung
der göttlichen Offenbarung und des göttlichen Schaffens
entdeckend, was wir aber, als minder wissenschaftlich gehalten und begründet, nur kurz resumiren, jedoch nicht
ganz übergehen wollen, weil diese Beispiele, wenn sie
auch scientivisch genommen, zum Verständnisse der Sache selbst wenig beitragen, doch weit mehr zu der Auf-

fassung und Darstellungsweise der Kabbalisten. Das Con
crete, von Gott und dem Göttlichen erfüllte Leben, einerseits, wie der Mangel an streng wissenschaftlicher
Disciplin und Schulterminologie anderseits, liess sie nicht
bei der reinen Abstraction stehen bleiben; so sehr sie
auch die Transscendenz der Gottheit auf die Spitze trieben, suchten sie doch dieselbe hineinzuziehen in ihren
Kopf, in ihr Gemüth, wenn auch als Schattenriss.

Wir werden im Laufe dieser Darstellung noch oft
derartigen Beispielen begegnen, wo selbe zum bessern
Verständniss der kabbalistischen Auffassung besonders
in praktischer Hinsicht hervorgehoben werden müssen.

Capitel XIII.

Der Uibergang in der Erscheinung vom Sein zum Werden — Die
dazu erforderlichen dynamischen Kräfte oder die zehn Sephiroth —
Sonderung der Sephiroth in vier Abtheilungen. — Die s. g. Vier Reiche
עשׂיּה ,יצירה בריאה ,אצילות. — Die fünf Gestalten פרצופים
welche Hauptabstufungen alles Daseienden ausser Gott bilden.

Der ganze bisher entwikelte Process ging vor oder
gehet vor nur innerhalb der Gränzen des blossen Seins,
und ist nur in so fern fortgeschritten, als er das Werden,
dessen Gebieth die Endlichkeit ist, möglich macht. Die
erste Concentration gebährt die Erscheinung, die zweite
die in dieser vorgehet, bahnt der Endlichkeit den
Weg -- verschafft ihr einen leeren Raum, — der unendliche Stral bereitet ihr eine Existenz vor; damit aber
etwas werde, damit das Endliche in die Wirklichkeit
trete, damit die unendlichen nur ein absolutes Eins
bildenden Realitäten, als auseinandergelegt und wahrnehmbar erscheinen, müssen gleichsam dynamische Werkzeuge

oder Formen g e d a c h t werden, welche Abstufungen
und Unterscheidungen — die wesentlichen Eigenschaften
der Endlichkeiten — hervorbringen; es sind dieses
die bekannten zehn Sephiroth, die wiederum in vier
Hauptabtheilungen dargestellt werden auf folgende Weise:

1. Der göttliche W i l l e die Endlichkeiten erscheinen zu lassen, gleichsam die Krone alles Endlichen
alles erscheinenden, d. h. die Möglichkeit ihrer Existenz
כתר.

2. Der v e r n ü n f t i g e Plan des in unendlichen Ma-
nigfaltigkeiten sich entfaltende und doch ein Ganzes bildende Organismus, welcher Plan wie alles V e r n ü n f t i g e,
folgende drei Stadien zu seinem C o n c r e t werden durch-
gehen muss, nämlich a.) Das abstracte Denken, Die Weisheit schlechtweg ohne begränzten Inhalt כֹּה מה=חכמה
(indeterminirte Kraft), b.) Das Denken, welches
sein Object als von sich verschieden betrachtet;
der unterscheidende V e r s t a n d בינה und endlich,
c.) Die Denken nud Gedachtes in ihren Identität auf-
nehmende, die Gegensätze von Subjectivität und Objec-
tivilät aufhebende Vernunft דעת.

3) Die nach gedachtem vernünftigen Plan obwaltenden
allem Dasein und Leben gebenden, alle Gegensätze vermittelnden K r ä f t e als Ausdehnung, Zusammenziehung,
Druck, Gegendruck u. s. w., in ihrer allgemeinen geisti-·
gen Wesentlichkeit, die in dem Complex der sechs Sephiroth: חסד, גבורה, תפארת, נצח,הוד, יסוד dargestellt werden.

4.) Der erscheinende Stoff, d. h. dasjenige, worin sich
der Wille, der Plan und die wirkenden Kräfte manifestiren, worin sie eine Gestalt annehmen. Stoff oder die
Gestalt ist an und für sich betrachtet nichts, hat nichts
eigenes als was ihnen der Wille, der Plan und die waltenden Kräfte zutheilen oder ermöglichen, r e p r ä s e n t i r t
jedoch das Ensemble derselben. Den Plan, die Symetrie,

*

wie die Bestandtheile eines Gebäudes z.B. nehmen wir
nur in seiner Gestalt wahr —. Diese Sephiro wird
מלכות (regimen) genannt. Wir werden weiter unten auf
diese sonderbar scheinende Benennungr letzte Sephiro
zurükkommen.

Diese vier Hauptabtheilungen der Sephiroth sind in
ihrem ersten Erscheinen oder Gedachtwerden noch nicht
die eigentlichen dynamischen Werkzeuge, welche die Erscheinungswelt, so zu sagen construiren und ordnen, sondern nur erst die Prototype derselben.

In diesem gleichsam Gottunmittelbaren Reich עולם
האצילות (das Reich der unmittelbaren Erscheinung) sind
die Sephiroth nur als Bedingungen des zu werden-
den Endlichen gedacht. Dieses Reich ist noch ganz erfüllt vom göttlichen Willen, in dem keine eigentliche
Unterscheidungen zu denken sind, jedoch als Willen
des Schaffens impliciren sie jene Grundbedingungen
alles Geschaffenen; erst in den andern sogenannten
drei Reichen, nämlich im Reiche der Schöpfungsideen
עולם הבריאה, im Reiche der Schöpfungsbildung oder
Schöpfungskräfte עולם היצירה und endlich im Reiche des
Schöpfungsstoffes beginnt die Thätigkeit derselben.

Wir werden weiter unten die eigentliche Bedeutung dieser gedachten vier Reiche erörtern, wollen vorerst nur die Beschreibung derselben, ihre innerlichen
Bestandtheile, wie äussere formale Einrichtungen nach
der kabbalistischen Schilderung mittheilen, brauchen
aber nach den vorhergegangenen Erklärungen kaum zu
erwähnen, dass es keineswegs in der Absicht der Kabbalisten liegt, dass diese Beschreibung buchstäblich genommen werden soll, dass sie vielmehr unzähligemal
darauf aufmerksam machen, dass dieselbe nur allego-
risch mit grosser Vorsicht zu nehmen wäre und wo

möglich nur mittelst mündlicher erklärender Mittheilung
angeeignet werden solle.

Wie im Reiche der unmittelbaren Erscheinung als
das des göttlichen Urwillens — in seinem als endlich
Gesetz werden — auch alle andern Sephiroth enthalten
sind, nur dass die erste, die Krone — der Urwille — im
Vordergrunde stehend gedacht wird, so ist dieses auch
bei den andern drei Reichen der Fall.

Im Reiehe der Schöpfungsidee ist der vernünftige Weltplan, die Idee des Alls in seiner Totalität
wic in seiner Mannigfaltigkeit, das Abstrakte mit dem
Wirklichen, das Subjektive mit dem Objektiven vereinigend und zum concreten Begriff erhebend, vorherrschend,
jedoch ist seine Quelle in dem ihm vorangegangenen
Reich der Unmittelbarkeit des göttlichen Urwillens und
seine Tendenz die Existenz des Reiches des Schöpfungsstoffs mittelst der Schöpfungsbildung, so dass es
auch alle zehn Sephiroth, in deren vier Abtheilungen
enthält.

Dasselbe ist eben bei dem Reich der Schöpfungs-
bildung der Fall, wo die Kräfte das Weltdasein und
Weltleben spenden, jedoch ihre Quelle in dem Willen
Gottes und der vernünftigen Idee haben, wie auch ihre
Tendenz die Existenz des Schöpfungsstoffs ist.

Dieses letzte Reich עשויה עולם bildet das Ensemble
aller Reiche; der Urwille die vernünftigen Ideen, die
waltenden Kräfte werden hier offenbart, bekommen hier
ihre Gestaltung, weshalb dieses Reich selbstverständlich
alle Sephiroth enthält, obwohl die Stoffsephiroth מלכות
in demselben vorherrschend ist. *)

---

*) Auch bei Ibn Esra finden wir die Statuirung der drei Reiche
בראתיו עשוי nach der biblischen Stelle (Jesaia 43. 7) בראתיו
יצרתיו אף עשיתיו und zwar, dass auch nach ihm beim Menschen

In dem Reiche der Ideen ist nach den Kabbalisten
der Ursprung der Seelen, in dem der Kräfte, das der
Engel. Erstere sind Intelligentien. Letztere Weltkräfte
עושה מלאכיו רוחות. Daher können sie stoffliche Hüllen annehmen und haben auch kein anderes Bewusstsein, als
das ihrer individuellen Mission (s. Bl. Nr. 6.) Zwischen
jedem von diesen vier Reichen ist eine Scheidewand
פרסה d. h. zwischen dem Reich der Unmittelbarkeit und
dem der Schöpungsideen wie zwischen diesem und dem
der Schöpfungsbildung und wiederum zwischen diesem
und dem des Schöpfungsstoffes; die letzte Sephiro מלכות
eines jeden vorangegangenen Reiches bricht die Scheidewand des ihr nachfolgenden Reiches durch und wird
die Krone desselben. z. B. die letzte Sephiro des Reiches der Unmittelbarkeit wird die Krone des Reiches
der Schöpfungsideen u. s. w.

Es wird sich im Verlaufe unserer Darstellung der
tiefere Sinn und die Bedeutung gedachter Scheidewände,
wie das Durchbrechen der letzten Sephiro deutlicher
herausstellen; hier nur die nächste Erklärung: Zwischen
der göttlichen Erscheinung in ihrer Unmittelbarkeit und
der Schöpfungsidee findet kein eigentlicher Zusammenhang, kein gradueller Uebergang statt — sie haben

---

der Kopf — die Weisheit — mit dem ersten, das Herz — die bewegenden Kräfte — mit dem zweiten, und die Glieder — die ausge-
prägte Thätigkeit — mit dem dritten correspondiren; auch spielt er auf
„zehn Grade“, die sich im jeden Reiche unterscheiden lassen, an.
Allein ist nach ihm das erste Reich בריאה schon das unmittelbare,
während bei den Kabbalisten, wie aus dem Texte zu ersehen, ein
höheres über das Reich der בריאה, erst das unmittelbare sei.
Auch in Bezug auf den Ursprung der Seelen und Engel differiren
Ibn Esra und die Kabbalisten. Man lese über Ibn Esra's philoso-
phisch-mystisches System die einzige diesen Gegenstand wissenschaftlich besprechende, leider unvollendet gebliebene aber doch vorzügliche Abhandlung Krochmals in seinem Werke Pforte 17.

nichts mit einander gemein — eben so wenig zwischen
der reinen Idee und den Weltformen oder Weltkräften,
wie auch zwischen diesen und dem wahrnehmbaren
Stoff; der Uebergang von dem ei‥en Reiche zum andern
ist ein Sprung veranlasst durch den über alle Reflexion
erhabenen göttlichen Willen, und indem, wie oben dargethan, die Tendenz eines jeden vorangegangenen
Reiches, welche gleichsam dessen letzte Stufe bildet,
die Existenz des nachfolgenden sei, so wird sie hier zur
Krone, d. h. sie repräsentirt den göttlichen unergründ-
lichen Willen פלא = כתר; denn in diesem allein liegt
die Ursache wie die Erklärung gedachter Sprünge. Im
Allgemeinen haben wir also fünf verschiedene Hauptabtheilungen in der Erscheinungswelt zu unterscheiden,
nämlich der göttliche Wille, die Intelligenz, der Verstand, die Weltformen oder Weltkräfte und der Stoff.
Die Kabbalisten nennen diese Abstufungen auch die fünf
Gestalten פרצופים und sie werden nach obiger Ordnung
benannt אריך אנפין die lange Gestalt, אבא der Vater, אימא
die Mutter, זעיר אנפין die kleine Gestalt männlichen Geschlechtes, und endlich נוקבא die weibliche Gestalt. Sie
werden auch אדם קדמין der erste Mensch, אדם דאצילות der
Mensch der Unmittelbarkeit אדם דבריאה der Mensch der
Schöpfungsideen, אדם דיצירה der Mensch der Weltbildung u.
endlich אדם דעשיה der Mensch der Schöpfungsstoff benannt.
Die Ursache dieser Benennungen ist, weil, wie aus
der kabbalistischen Seelenlehre und Antropologie zu ersehen sein wird, der Mensch ein Mikroskosmos עולם קטן
sei und das All sich in ihm abspiegelt.
Die tiefere Bedeutung dieser Beilegung allen Abstufungen, des Prädicates Mensch wird sich weiter unten
deutlicher herausstellen, hier wollen wir nur den einfachen Sinn diesen fünf Gestalten geben: der göttliche
Wille ist der Anfang und das Ende des Alls, durch ihn

56

allein ist die Erscheinung wie der Sprung von einem
Reiche zum andern in allen Reichen möglich, darum
heisst diese Gestalt die lange alles durchziehende; die
Intelligenz bildet das eigentliche Wesen des Alls, jedoch
kann sie in der Welt der Endlichkeit und Mannigfaltigkeit sich nur mittelst des scheidenden und unterschei-
denden Verstandes offenbaren, sie bilden für die Welt
gleichsam Vater und Mutter aus deren Copulation דיו
nur die Erzeugung möglich ist. Die aus dem Complex
der sechs Sephiroth bestehenden Weltkräfte oder Weltformen haben ihre Bedeutung nur für die mannigfaltige
Welt, weshalb dieses Complex die kleine Gestalt heisst;
dieselbe befruchtet gleichsam den Stoff der an und für
sich kraftlos sei und daher dem empfangenden Weibe
gleicht, das nur durch Empfängniss vom Manne gebärt,
das jedoch die sichtbare Gebärerin sei, während
der Mann es nicht ist.

Capitel XIV.

Zweierlei Arten der Erscheinung, eine wahre und eine trügerische—
Letztere ist die Quelle des Uebels und der Kehrseite Gottes סטרא
אחרא— Wo und auf welche Weise die Kehrseite sich offenbart. --
Zweierlei Arten der Kehrseite, eine total finstere und eine mit Licht
vermengte.

Wir haben eben gesehen, wie sich in der Erscheinung die endlichen und mannigfaltigen Dinge immer
mehr und mehr entfalten, immer mehr und mehr wahrnehmbar und sichtbar werden, bis in das Reich des
Stoffes, wo das Unendliche und Einfache ganz in den
Hintergrund treten und der Stoff allein als existirend
erscheint, d. h. die Scheinexistenz desselben wird als
die wahre Existenz angesehen.

Dem zufolge sind in der Erscheinung selbst zwei
Gesichtspunkte zu unterscheiden, nämlich die Erscheinung wie sie in der Wahrheit ist, d. h. als eine blosse
Erscheinung des Wesens, als das Bild eines Origi-
nals, als etwas, dessen Existenz eine geborgte sei, und
wiederum die Erscheinung, wie sie zu sein scheint,
d: h. als Wesen, als Original, als eigene Existenz habend.
Diesen scheinbaren trügerischen Gesichtspunkt der
Erscheinung nennen die Kabbalisten die Kehrseite des
Göttlichen אחרא סטרא das Antigöttliche Prinzip שטן, die
leere Schale קליפה — eine der Wahrheit nicht entsprechende Idee — und diese wäre der Grund, die Möglichkeit alles moralischen wie selbst materiellen Uebels,
der Sünde, des Todes u. s. w.

Dieser Schein der Erscheinung manifestirt sich,
wenn auch gradatim in allen vier oben bedachten Reichen, wo der Keim des Endlichen und der Mannigfaltigkeit beginnt, weil in diesem Keime die Grenze des
göttlichen Wesens inbegriffen seien, die Grenze des
Göttlichen aber das Ungöttliche wäre, oder richtiger als
das Ungöttliche scheinen muss.

Jedoch ist im Reiche der Unmittelbarkeit עולם אצילות
selbst nach der Concentration des unendlichen Lichtes,
in dem göttlichen Willen und der göttlichen Intelligenz
noch die Erscheinung in ihrer Wahrhaftigkeit — das
Endliche ist noch als existenzlos und existenzbedürf-
tig gedacht — während in dem Gedanken der Formen
die erste Spur des Scheins—das Endliche als selbst-
existirend vorge-tellt — schon vorhanden sei.

Es gibt also nach Obigem vier Reiche und Sephi-
rothabtheilungen der Kehrseite, wie es solche in der
göttliche Seiten דקדושה סטרא gibt, jedoch wird im Reiche
der Unmittelbarkeit, selbst im Gedanken der Formen
derselben die Kehrseite nur gleichsam geahnt

58

und erst in den nachfolgenden drei Reichen ist der
Schein desselben als wirklich schon vorgehend su denken.
Die Kehrseite zerfällt aber wiederum in zwei Abtheilungen, d. h. ist wiederum in zweierlei Hinsichten
zu betrachten, die eine als vollständige, antigöttliche
Kehrseite, welche die bösen Gedanken, bösen Gelüste
und die bösen Thaten repräsentirt, die קליפות הטמאות שלוש
die drei unreinen Schalen genannt werden und die to-
tale Finsterniss bilden חושך גמור und die zweite Abtheilung,
welche die Vermittlerin zwischen dem Göttlichen und An-
tigöttlichen macht, und von den Kabbalisten als die
Schale von Lichtstralen durchdrungen קליפת נוגה — wo das
Licht des Göttlichen in das entleerte Weltliche hinein-
schimmert — bezeichnet wird. Aus Ersterem strömt
alles Uebel, alles Schlechte, sie ist, das Prototyp, das Bild,
die Daseinsquelle der Götzen und des Götzendienstes,
der Sünde und selbst der Strafe; Letztere repräsentirt
gleichsam den gewöhnlichen Weltlauf, wo Gutes und
Böses durcheinander geht מעורב טוב ברע, das sogenannte
unschuldige Leben, das weil, nicht total böse, einen Anspruch auf Unschuld macht, obwohl es ohne wahre
Göttlichkeit, ohne eigentlichen Lebens z w e c k ist.

Als besonders charakteristisches Zeichen der Kehrseite, der Grundkern derselben ist das Streben der
Trennung, der Sonderung, das Vielfältige in die Einheit
zu bringen בפרידא, im Gegensatze zur göttlichen Seite,
welche immer die Vereinigung בהבורא, das Bringen der
Einheit in die Mannigfaltigkeit erstrebt.

Diese natürlich dunkle, einen ebenso antropomor-
phistischen als widersinnigen Dualismus zu enthalten
scheinende Statuirung der Kehrseite, die aber von der
grössten Wichtigkeit in der kabbalistischen Lehre, besonders in dem ethischen Theil, wie in der Seelen-
und Menschenlehre derselben sei, wird weiter unten

beleuchtet, wo möglich begreiflich gemacht, das Antro-
pomorphistische beseitigt und nachgewiesen werden die
Berechtigung sogar die Nothwendigkeit und der Nutzen
dieser Kehrseite und dessen Kampf mit dem Göttlichen
als ein integrirender Theil des Allorganismus, als eine
Conditio sine qua non der moralischen Welt,
nach kabbalistischer Auffassungsweise.

Vorerst aber wollen wir im nächsten Capitel eine
allgemein gehaltene Recapitulation des Bishergesagten
und die Hervorhebung der Grundideen der kabbalistischen
theologisch-cosmogonischen Lehre, entkleidet der aus
der sinnlichen Welt entnommenen Ausdrucks- und Darstellungsweise versuchen.

Capitel XV.

Widerspruch in dem Begriffe der göttlichen Erscheinung. — Aufhebung dieses Widerspruches — die Erscheinung in ihrer Allgemeinheit — natura naturans — die Erscheinung in ihrer Verwirklichung—
natura naturata.

Wie im vorhergegangenen ausführlich erörtert wurde, sind alle Statuirungen der Kabbala, wie überhaupt
all unser Sprechen über Gott und Universum nach
kabbalistischer Anschauungsweise, nur in der Erscheinung, aber auch in dieser nicht objectiv an und für
sich genommen, sondern objectiv in unserer Subjectivität, d. h. wir können von nichts aussagen oder denken,
wie es schlechtweg ist, sondern wie es nach unserer Denkungsweise sein muss, oder richtiger, wie es
für uns ist; denn wir können erstens kein Ding an
und für sich erkennen, wir sehen nur Alles durch das
Prisma unserer eigenthümlichen Anschauungs- und Vor-
stellungsweise, noch weniger können wir zweitens die

göttliche Erscheinung erkennen, die unendlich und eo
ipso unfassbar ist; es liegt d r i t t e n s im Begriffe der
Erscheinung, dass sie für ein anderes — für's Subject —
erscheint.

Nichts desto weniger oder eben deshalb ist die Erscheinung nicht ein blosses Abstractum, ein blosser dia-
lektischer Prozess, wie mancher glauben will, denn eben,
weil die Erscheinung nur für das Subject ist, so i s t sie
auch nach demselben d. h. nach dessen Denkungsweise;
nur ein s o l c h e s Dasein macht ihre Wirklichkeit als
E r s c h e i n u n g aus; Denken und Sein sind schon in
so fern hier identisch als Letzteres dem Ersteren entsprechen muss.

Jedoch ist und bleibt die göttliche Erscheinung
eine unendliche — das unendliche Wesen wird in ihr
eine unendliche Erscheinung —; Wie kann das aber
stattfinden? Das Erscheinen ist für etwas anders als das
Erscheinende, das Andere eines Unendlichen kann nur
ein Endliches sein — zwei Unendlichkeiten gibt es nicht —
Auf welche Weise kann also das Unendliche dem Endlichen erscheinen, da letzteres das erstere nicht zu erfassen im Stande ist? Und wie kann es überhaupt ausserdem Unendlichen noch ein Endliches, noch ein Etwas,
noch ein Subject geben?

Dieser so unlösbar scheinende Widerspruch ist aber
nur ein s o l c h e r für die Sinnlichkeit und den Verstand
die alles in Raum und Zeit auseinanderlegen, alles in
Nebeneinander- und N acheinandersein trennen. Die Vernunft hingegen hebt alle Trennung und somit jeden Widerspruch auf. Sie erhebt sich zur Identität; das Unendliche, indem es das Endliche setzt, hebt dasselbe
zugleich auf; das Endliche ist nur für den Verstand endlich, für die Vernunft aber unendlich, weil die Existenz
des Endlichen im Unendlichen wurzelt.

Es lässt sich auch als Beispiel, das Leben oder die Lebendigkeit anführen: Das Leben als individuelles Leben des Menschen, des Thieres u. d. g. besteht aus Körper und Seele; ohne Körper wie ohne Seele gibt es keinen lebendigen Menschen wie kein lebendiges Thier; der Verstand trennt Leib und Seele und weiss nicht wo das Leben zu placiren; das Leben erhält nach ihm einen Widerspruch — Leib und Seele — die Vernunft identificirt Beide eben im Leben, das Leben hebt eben den Unterschied zwischen Leib und Seele durch das dritte, die Totalität beider auf. Abstrahiren wir aber vom individuellen Leben, erheben wir uns zum Leben überhaupt, so können wir dasselbe nicht anders als wie eine Kraft denken, welche in alle verschiedene Mannigfaltigkeiten eindringt, diesen Unterschiedenen wohl die Existenz verleihet, in so fern aber selbe auch aufhebt als sie die Unterschiedenen in Eins verwandelt — das allgemeine Leben partikularisirt sich, indem es z. B. dem Leib und der Seele des einzelnen Menschen Dasein gibt, hebt aber gleichzeitig dieses einzelne Dasein wieder auf, indem Leib und Seele in ein Eins — einen Menschen umgewandelt werden.

Dieses Leben lässt sich von verschiedenen Gesichtspunkten aus betrachten. Im Allgemeinen genommen von zweierlei, erstens als das Leben an und für sich ohne Bezug auf die zu belebenden Individuen, zweitens in seiner Eigenschaft, allem Daseienden Leben d. h. ein begrenztes und unterschiedenes Dasein zu verschaffen, zugleich aber auch diese Begrenzung und Unterscheidung durchzubrechen und ins Allgemeine zu versetzen; dann als einzelnes wirkliches Leben genommen unterscheiden wir wieder in demselben drei Gesichtspunkte, erstens das geistige Leben — den Plan der Construction eines jeden Lebendigen— zweitens das empfindende Leben —

die bewegenden Kräfte desselben — und drittens das
mechanische Leben — die Glieder und ihre Thätigkeit.—
Eben das vom Leben gesagte lässt sich auch — freilich
in sehr verschiedenem und höhern Grade auf die Erscheinung im Allgemeinen anwenden; auch in derselben
unterscheiden wir:

a) Im Allgemeinen genommen erstens die Erscheinung, als an und für sich d. h. die durch den `göttlichen
Willen erfolgte Concentration, dass das Endliche möglich sei, das grösste unerklärlichste Wunder כתר = פלא
und zweitens, die Erscheinung inihrer Beziehung zum
Endlichen, d. h. wie sie als Erscheinung ih rer Natur
nach als solche das Endliche setzt, in so fern aber
wiederum aufhebt als sie — auch ihrer Natur nach —
das Wesen, das Unendliche gleichsam zum Vorschein
bringt, wodurch das Endliche so zu sagen verschwindet –
seine Existenz sich als eine nur Geborgte herausstellt—
dann:

b) Die Erscheinung in ihrer Verwirklichung im Universum und zwar erstens den unabänderlichen ewigen
Plan desselben, der natürlich in der unendlichen Weisheit Gottes begründet ist, welche das Wesen des Alls
ausmacht, zweitens die eben so beschaffenenNaturkräfte,
welche das Dasein desselben bilden *), und drittens
das Wahrnehmbare desselben, der Stoff, in welchem sich
alles Vorhergesagte manifestirt.

---

*) Der Begriff einer jeden Sache ist sein Wesen und gehört
in das Reich der Intelligenz und des Allgemeinen, das Dasein derselben aber bilden gewisse Kräfte, die in das Reich der Formen und
des Gesonderten gehören, z. B. der Begriff der Menschheit oder des
Pflanzthums ist das Wesen des Menschen oder der Pflanze und eine
ewige allgemeine Wahrheit, die bildenden Kräfte hingegen machen
das Dasein desselben aus und sind in ihrer Sonderung im einzelnen
Menschen oder in der einzelnen Pflanze von Raum und Zeit beschränkt.

Die erste gedachte Hauptabtheilung (a) kann man auch die wirkende Natur *natura naturans*, die zweite (b) die gewordene Natur *naura naturata* nennen, indem man die Erscheinung überhaupt mit dem Ausdruck Natur bezeichnen will, was die Kabbalisten damit andeuten zu wollen scheinen, indem sie hervorheben, dass der Zahlenwerth von אלהים — Gott als Erscheinung — mit הטבע Natur gleich seie. *)

Die drei Reiche also בריאה יצרה עשוי werden wir unter der Benennung *natura naturata*, das Reich אצלות d. h. der Unmittelbarkeit aber, die göttliche Erscheinung vor dem Uebergange zu den drei Reichen unter der Benennung natura naturans subsumiren.

Die Vernunft siehet wohl auch die Verschiedenheiten ein, zwischen obigen zwei Hauptabtheilungen im Allgemeinen — zwischen der n a t u r a n a t u r a n s und der n a t u r a n a t u r a t a — wie auch diejenigen, welche in jeder Hauptabtheilung selbst obwalten; nichts desto weniger aber begreift sie, dass alle diese Unterschiede, wie wir selbe wahrnehmen, nur die G e b i l d e unsers von der sinnlichen Anschauung bedingten und durch Zeit und Raum beschränkten Verstandes sind, in der Wirklichkeit aber entweder gar nicht, oder nicht in der Art und Weise, wie sie uns erscheinen existiren; die Vernunft erschauet im S t o f f e s e l b s t das mechanische Dasein das organische Wesen, die schöpferische Kraft und den schöpferischen Geist, sie siehet, wie alle diese uns gesondert scheinende Factoren im Stoffe vereinigt sind, und

---

*) Vgl. R. G. a des Rabi Hirsch Aschkenasi צבי תשובות הכם Nr. 18. wo dem Ausspruche des Rabi David Netto beigepflichtet wird, der behauptet hat שהש"ית והטבע והטבע והש"ית הכל אהך Gott und die Natur und die Natur und Gott eins wären, wobei aber hervorgehoben wird, dass von der Natur im Allgemeinen natura naturans die Rede sei. —

nur der Mensch oder richtiger der menschliche Verstand
sie trennt.

In diesem Zustande der Vernünftigkeit ist Gott und
die Welt Eins, d. h. es gibt nichts in der Welt, in
welchem sich nicht die Göttlichkeit offenbaren sollte.
Nun aber muss in diesem Zustande der Vereinigung von Gott und Welt nur das Gute vorhanden sein,
weil Göttlichkeit und Böses zwei sich ausschliessende
Begriffe sind. Sowohl das moralische als das physische
Uebel — welches letztere, nach kabbalistischer Anschauung nur die Folge des erstern wäre — kann in Gesell-
schaft des Göttlichen nicht existiren. (כי לא יגורך רע
„Das Böse wohnt nicht mit Gott zusammen.) Das Uebel
also wurzelt nur im Reiche der Unvernunft, in welchem
Gott und Welt getrennt sind, oder getrennt erscheinen,
was mit andern Worten ausgedrückt heissen soll: jede
Sünde ist die Frucht der Unvernunft, worauf schon der
Talmud mit seiner Behauptung andeuten soll. אין אדם
עובר עבירה עדש יכנס בו רוח שטות Niemand begehet eine
Sünde, ohne vorher der Vernunft entsagt zu haben." ✗

Allein es fragt sich, wie denn ein unvernünftiges
Reich — ein gleichsam von Gott getrenntes — möglich
wäre, indem das Unvernünftige —Ungöttliche — existenzlos sei? zur Beantwortung dieser Frage hat die Kabbala
das Reich der Schalen עולם הקליפות statuirt, was folgende
Bedeutung hat.

Indem, wie bereits oben erörtert, zum Begriff eines
Wesens, das alle Realitäten umfasst, auch die Umfas-
sung der endlichen Realitäten gehört, das Endliche
aber eine Schranke voraussetzt d. h. ein Etwas, welches
dem Wesen eine Gränze setzt, so bildet diese Schranke
gleichsam die Schale des Kerns, wo das Wesen aufhört,
die Göttlichkeit sich, so zu sagen, zurückziehet, und dem
Ungöttlichen סטרא אחרא leeren Raum lässt, in welchem

alles Böse, alles Uibel einen angewiesenen Platz findet;
wir sagen einen a n g e w i e s e n e n, weil die Endlichkeit —
die Schranke — auch ein Werk des Unendlichen —
des göttlichen Willens — ist, daher nicht etwas Selbstständiges. Aus Obigem erhellt, wie, wenigstens nach unserer
Anschauungsweise, die Schranke oder die Schale eine,
so zu sagen, natürliche Nothwendigkeit sei; in der
Ethik wird sich auch die moralische Nothwendigkeit
derselben herausstellen und auch gezeigt werden, wie
im Moment ihres Entstehens gleichzeitig ihre Auflösung
enthalten ist, wie ihre Geburtswehen zugleich ihre To-
deszuckungen wären.

Capitel XVI.

Die Genesis der theologisch - cosmogonischen Grundprinzipien der
Kabbala im menschlichen Verstande und der menschlichen Vernunft. — Die Masse einzelner Erscheinungen im Universum — deren
Zusammenhang im Mechanismus, Organismus und in der Zweckmässigkeit. — Die allgemeinen Ideen und das Ideale. — Das Uibernatürliche oder Unendliche. — Causalität und Schöpfung. —
Einigung und Einheit.

In dem Bishergesagten wurden die Hauptstatuirun-
gen der Kabbala, Gott und die Welt betreffend, in ihrer eigenthümlichen Ausdrucks- und Darstellungsweise, wie auch
die nächste, fast buchstäbliche Erklärung derselben gegeben. Bevor wir von d i e s e n zu den einzelnen Theilen, besonders zu der praktischen Anwendung derselben übergehen
und den mehr oder minder stricten Zusammenhang
zwischen den Lehrsätzen und deren Folgerungen, zwischen dem Theoretischen und Praktischen beleuchten,

wollen wir versuchen, einen tiefern Blick in den Geist jener Statuirungen selbst zu thun und die denselben zu Grunde liegenden Ideen und Begriffe, in deren Reinheit und Allgemeinheit, entkleidet der kabbalistischen Umhüllungen und des specifisch confessionellen Characters hervorzuheben; wir wollen versuchen, von der angeblichen Inspiration vorläufig Umgang zu nehmen, die Kabbala auf eigenen Füssen stehend zu betrachten und den Weg zu verfolgen, welchen der Verstand und die Vernunft innerhalb des ihnen eingeräumten Erkenntnisskreises durchzuwandern haben, um den Faden der Ariadne im labyrintischen Gebiete der theologisch-cosmogonischen Forschungen zu entecken; wir wollen die Gränze suchen, bis zu welcher gedachter Faden sie führt, von wo aus sie ein unzubetretendes Land nur ahnen, nur vermuthen können und sehn, wie die Kabbala diesen Weg und diese Gränze bezeichnet, respective die gemachten Entdeckungen auf diesem Wege in ein Lehrsystem zusammenstellt.

Diese Ermittelungen werden uns die Einsicht eröffnen in das innere Getriebe dieser Lehre und den Weg bahnen zu einer wissenschaftlichen Würdigung und Kritik derselben, weil wir dadurch in Stand gesetzt werden, das Eigenthümliche in ihr von dem Aufgenommenen zu unterscheiden, die Nothwendigkeit oder Möglichkeit der Grundideen, wie die Folgerichtigkeit der von denselben abgeleiteten Consequenzen und Resultate zu prüfen.

So lange nicht die Kabbala als ein System betrachtet und behandelt wird, sondern als ein Aggregat zusammengestoppelter, theils verständiger theils sinnloser Ansichten, kann von einer Kritik derselben in scientifischer Bedeutung dieses Wortes gar keine Rede sein! es kann dann nur entweder eine blinde Anhänglichkeit oder ein äusseres Entgegenstellen stattfinden. Eine Kritik setzt voraus ein Begreifen des Objectes, in welchem man einen Widerspruch nachweist; dem Unbegriffenen und Unbegreifbaren, wie solche unsystematisch zusammengestellten Sätze sein müssen, kann man sich entgegenstellen aber nicht dasselbe kritisiren.

Wenn die Kabbala aber ein System bilden soll, so muss sie eine innere Gliederung, einen durchgemachten Denkprozess, einen eigenen geistigen Bau enthalten; ein Lehrgebäude muss wie jedes andere Gebäude gebaut werden; es müssen die Theile desselben planmässig auf- und ausgeführt werden; von Aussen werden nur die Materialien geliefert, der Bau selbst muss im Innern vorgehen. *)

Um also den Bau der kabbalistischen Lehre zu veranschaulichen, müssen wir, wie bei jedem Bau, vom Fundamente, von unten anfangen; wir müssen den Weg a posteriori einschlagen und nachweisen, wie die Kabbalisten von dem, nach unsern Begriffen, Untersten, Zusammengesetzten, Körperlichen, stuffenweise zu dem Höchsten, Einfachen, Geistigen vorgeschritten sind oder einen Bau von unten herauf ausgeführt haben.

Wir nehmen nämlich eine enorme Zahl Gegenstände

---

*) In allen uns bekannten, in abendländischen Sprachen bisher veröffentlichfen Darstellungen der Kabbala, sowohl in eigenen diesem Gegenstande gewidmeten Werken, als in denjenigen, welche in den Geschichten der Juden und des Judenthums eingeschaltet wurden, wird dieselbe nichts weniger als wie ein System betrachtet und behandelt, weshalb wir dieselben bei unserer Arbeit nicht benutzen können; aber eben deshalb fühlen wir uns weder verpflichtet noch veranlasst dieselben einer Kritik zu unterwerfen, und glauben die hier versuchte objective Darstellung der kabbalistischen Lehre wäre hinreichend, um unsern Standpunkt gegenüber dem Ihrigen klar zu machen, wodurch eine Würdigung Beider ein Leichtes sein dürfte.

*

wahr, welche von uns gesehen, getastet, gehört, gerochen und gefühlt werden, an und für sich aber, d. h. ohne jene gedachten Wirkungen auf unsere Sinne ein unzusammenhängender Haufen von Dingen zu sein scheinen, die keine natürliche, wenn auch hie und da eine künstliche Einheit bilden. Allein der menschliche Verstand, der die Gegenstände nicht in die Sinnesorgane, wie Gesicht, Gehör u. s. w., sondern in das Denkvermögen aufnimmt, entdeckt auch eine gewisse natürliche Einheit in dieser Vielheit, dass nämlich alle diese Gegenstände Körper sind, d. h., dass sie alle ohne Ausnahme die Eigenschaft der Ausdehnung oder, was dieselbe Bedeutung hat, die der Theilbarkeit besitzen; der noch so kleine Theil eines Körpers kann immer noch getheilt werden oder ist immer noch, im Gedanken wenigstens, theilbar und daher ausgedehnt. Diese Eigenschaft, welche allen uns wahrnehmbaren Dingen eigen ist, bringt eine gewisse Einheit in ihre Mannigfaltigkeit. Allein eine genauere Erwägung zeigt uns, dass diese gedachte Einheit nur eine abstracte sei, d. h., diese Eigenschaft der Ausdehnung und Theilbarkeit vereinigt nicht alle Dinge objectiv, sondern subjectiv in unsern Gedanken; nur wir vereinigen alle wahrnehmbare Dinge in dieser Eigenschaft, den Dingen selbst aber bringt dieselbe keine Einigung; es ist einem jeden einzelnen Dinge gleichgiltig, ob das andere ausgedehnt sei oder nicht. Die Ausdehnung bringt eben so wenig die verschiedenen Körper in Berührung, in ein gegenseitiges Verhältniss, wie die blosse Existenz, die doch wohl allen daseienden Dingen zukommen muss. Wenn also alle wahrnehmbaren Gegenstände keine andere gemeinschaftliche Eigenschaft hätten, als die Ausdehnung oder Theilbarkeit, so gebe es wohl keine körperliche Welt. Alle körperliche Dinge zusammenge-

nommen stellten noch nicht den Begriff Welt dar; es
gebe noch nicht ein Band, das sie sammt und sonders
vereinigen und begrenzen sollte, welche Einigung und
Begrenzung allein den Namen Welt rechtfertigen
konnte.

Aber wir finden bei den körperlichen Dingen überall auch die wesentliche Eigenschaft der Bewegung,
welche Eigenschaft nur eine relative ist, d. h. nur durch
das objective Verhältniss der Dinge untereinander besteht — die Bewegung und die Ruhe eines Körpers
finden nur in Bezug auf die Stellung eines andern Körpers statt — und dieses Verhältniss ist auch das Band,
welches alle körperlichen Dinge umschlingt — einigend
und begränzend—und der Gesammtmasse derselben den
Namen Welt entsprechend macht.

Dieses Gedachte, die Gegenstände einigende Verhältniss ist ein mechanisches—äusserlich einwirkendes—
weil alle Verrichtungen der Bewegung — Stoss, Gegen-
stoss u. d. g.—nur äusserlich berühren nicht innerlich
eingreifen, daher die Welt, von diesem Standpunkte aus
betrachtet, eine mechanische sei, und die Kabbalisten
sie העשויה עולם das Reich des Stoffes — wo Alles nur
stoffartig gewirkt wird — nennen.

Indem aber dieser Mechanismus wie die Bewegung
überhaupt sich nicht aus dem Körper oder der Körper-
lichkeit—Ausdehnung und Theilbarkeit—ableiten lässt,
so müsse man den Grund desselben in etwas Anderem,
im Nichtkörperlichen suchen; man muss eine gewisse
Kraft oder gewisse Kräfte annehmen, welche den Mechanismus hervorbringen. Diese unkörperlichen Kräfte,
welche die Naturforscher das Gesetz der Schwere, An-
ziehung-und Abstossungkraft u. d. g. nennen, waren bei
den alten Philosophen die Athome עצמים הפרדיים
bei Leibnitz die Monaden, und sind bei den Kabba-

listen die Sephiroth, weshalb, sie auch im Reiche des
Stoffes עולם העשוייה zehn Sephirot statuiren.*)

Allein dem menschlichen Verstande kann dieser
Mechanismus noch immer nicht alle Erscheinungen, selbst
in der sichtbaren Natur, genügend erklären; der Mechanismus kann höchstens das Wesen der so genannten
anorganischen Natur begreiflich machen, nicht aber
der organischen; hier sind es nicht blosse bewe-
gende Kräfte, die obwalten, sondern auch bildende,
der Zusammenhang beim Baum zwischen Wurzel, Stamm,
Aeste und Frucht, ist unstreitig ein von Innen her
sich entwickelnder, nicht ein bloss von Aussen ansto-
ssender. Diese innern Kräfte, die den Organismus innerlich bilden, organisiren, mit einem Worte, demselben
Leben geben, zusammen genommen, bilden nach den
Kabbalisten, das Reich der Schöpfungsbildung עולם
היצירה oder auch das Reich der Engel עולם המלאכים =
der göttlichen Boten, weil die bildende und formirende
Kräfte gleichsam als Gottes Boten betrachtet werden.

Nun aber erschöpft die Statuirung der innern bildenden Kräfte noch immer nicht die vollständige Erklärung aller Welterscheinungen; ein tiefer Einblick in

*) Die Differenz zwischen den Atomen der Alten, Monaden des
Leibnitz und Sephiroth der Kabbalisten, wird im kritischen Theile
dieses Werkes beleuchtet, und nachgewiesen werden, dass obwohl
sie fast gleichlautend scheinen, unter ihnen doch ein wesentlicher
Unterschied obwaltet, und jede Bezeichnung einen eigenen methaphisischen Standpunkt einnimmt; jedoch einigen sich hierin die Ver-
treter oder Schöpfer jener drei Statuirungen, dass sie alle diese Statuirungen aus der Anschauung der sichtbaren Natur induziren; Maimonides scheint in den Geist der Atomenlehre nicht tief eingedrungen zu
sein, wenn er ihr (More Nebuchim. T. I. §. 71) den Vorwurf macht, sie
wäre nicht aus der Natur geschöpft, sondern umgekehrt, sie will die
Natur nach einer willkürlich erzeugten Chimäre ummodeln. Vrgl. Salom.
Maimons Comentar zum More המורה גבעת Ed. Eichel pag. 82.

der Natur zeigt uns auf's Deutlichste, dass die organischen Körper nicht blos durch blindwaltende Kräfte entstehen und erhalten werden können. Wir finden nämlich in der Natur nicht blos Regelmässigkeit, sondern auch Gesetzmässigkeit, nicht eine blosse Entwickelung, sondern eine zweckmässige Entwickelung, nicht eine blosse Thätigkeit, sondern auch eine weise Thätigkeit, eine Idee; das Auge z. B. ist nach den Gesetzen, nach den ewigen Ideen der Optik geformt; es entwickelt sich, um das Sehen zu ermöglichen. Mit einem Worte, die organische Natur entstehet, erhält sich nach einem verständigen Plane. Noch deutlicher und augenfälliger offenbart sich eine vernünftige Idee in dem geschaffenen Menschen, der selbst mit Vernunft begabt ist.

Diese sich in der Natur kundthuende Verständigkeit, nennen die Kabbalisten: das Reich der Schöpfungsideen עולם הבריאה oder auch das Reich der Geister עולם הנשמות, weil man nur dem Geiste — der menschlichen Seele — den Verstand oder richtiger, einen selbstbewussten Verstand zuschreiben kann.*)

Hat nun der menschliche Verstand in der Natur obige drei Reiche entdeckt, d. h. die mechanischen, organischen und teleologischen Kräfte, so kann er dabei nicht stehen bleiben und muss in seiner oben bereits erwähnten Eigenschaft das Einzelne zu generalisiren, das Individuum zur Gattung, zum Geschlechte u. s. w. zu erheben, weiter fortschreiten. Er muss erkennen, dass die vernünftigen Ideen, welche sich in den Naturerscheinungen offenbaren, nicht an denselben ursprüng-

---

*) Die Kabbalisten übersetzen, wie aus der kabbalistischen Seelenlehre zu ersehen sein wird, den hebräischen Ausdruck נשמה mit Geist πνεύμα und er bildet, nach ihnen, die dritte höhere Stufe in den von ihnen statuirten fünf Seelenstufen, und welchem zwei niedriegere Seelen-Stufen נפש und רוח vorangehen.

lich kleben, dass die unendliche Zahl verschiedener
Ideen, wie wir sie in den Gliederungen der Naturerscheinungen wahrnehmen, Ausflüsse allgemeiner, selbst-
ständiger, reingeistiger Hauptideen — ewige Wahrheiten — sein müssen, welche Hauptideen ein von der
g e w o r d e n e n Natur gesondertes Reich bilden — die
e w i g e n Wahrheiten sind nicht g e w o r d e n — und wird
dieses Reich von den Kabbalisten das Reich der Unmittelbarkeit oder auch das gesonderte Reich עולם האצילות
genannt.*)

In diesem reingeistigen Reiche unterscheidet wiederum der Verstand zwei Gesichtspunkte, von welchen
aus dasselbe zu betrachten sei: e r s t e n s als Complex
aller Hauptideen, insofern sie die Quelle der in der gewordenen Natur w i r k e n d e n Ideen bilden und z w e i -
t e n s diese Hauptideen an und für sich genommen,
ohne irgend einen Bezug zu etwas anderem, die reine
Vernunft oder das Ideale für sich.

Dieses Ideale, als mit der gewordenen Natur in gar
keiner Relation stehend oder von uns nicht mit derselben in Verbindung gebracht, wird von den Kabbalisten
nicht als R e i c h benannt, welche Benennung an die gewordene Natur erinnert, sondern der Urmensch אדם
קדמון was das Urewige, Beziehungslose, ausdrücken
soll. Die Bedeutung des Epithetons M e n s c h wird weiter unten beleuchtet werden.

Es erhellt also aus Obigem, dass die von der Kabbala aufgestellten vier Reiche und fünf Gestalten nicht
buchstäblich als Welten, Reiche, Regionen u. dgl. zu
nehmen sind, wie sie von so manchen genommen wer-

---

*) אצל kann eben so gut unmittelbar = neben, als gesondert
heissen. Das עולם האצילות kann in Bezug auf die gewordene Natur — die niedrigern drei Reiche — gesondert, in Bezug auf Gott
„das Unmittelbare" genannt werden.

den; dass auch die in der Kabbala vorkommende Emanation keineswegs ein Ausfluss, eine Ausströmung, eine Ausscheidung im gewöhnlichen Sinne dieser Worte wäre; dass aber die Kabbalisten eben so wenig unter den Ausdrücken verschiedene Reiche und Abstuffungen die dynamische Verschiedenheit und dynamischen Abstuffungen verstanden haben, wie die alte Schule meinte, sondern die continuirliche Entwickelung der Begriffe, die von unten herauf betrachtet, sich immer mehr verallgemeinern, vergeistigen, klarer und deutlicher werden, von oben herunter hingegen betrachtet, immer mehr sich sondern, materialisiren, dunkler werden oder richtiger, uns dunkler erscheinen.

Jedoch sind diese Abstuffungen keineswegs blosse Abstractionen, blosse Gebilde unseres Denkens, sondern concrete Realitäten, sie existiren nicht blos in unserer Einbildungskraft, sondern in der Wirklichkeit. Ja eben darum, dass sie nicht, wie man sonst annahm, materiell gesondert sind, sind sie um so mehr wahrhaft existirend, allgemeiner, absoluter Natur.

Folgendes Beispiel möge dem Gesagten als Erläuterung und Beleuchtung dienen.

Wir nehmen z. B. ein gebautes Schiff wahr; was wir an demselben sehen oder tasten, sind: Holz, Eisen, Leinwandtheile u. dgl., aber der Verstand stellt uns in demselben auch einen Bau, einen mechanischen Zusammenhang vor; wir begreifen ferner, dass alles so zusammengestellt, so zusammengefasst sei, dass das Gebäude sich halten soll, dass die Theile zum Ganzen und das Ganze zu den Theilen stimmen soll. Durch weitere Reflexion erhellt auch, dass in diesem Zusammenhang eine Gesetzmässigkeit, ein Zweck verborgen ist, dass dieser Bau ein Schiffsbau sei, d. h. so eingerichtet ist, dass er auf dem Wasser schwimmen und

Lasten tragen können soll; dass also diesem Bau eine
Idee zu Grunde liegt. Diese letzte Erkenntniss führt
uns auch zu der, dass eine allgemeine Idee der Ge-
setz- und Zweckmässigkeit überhaupt existirt, welche
beim Bau dieses Schiffes gesondert obwaltete oder
uns gesondert obwaltend erscheint.

Aus obigem Beispiele entnehmen wir zweierlei:
erstens, dass obwohl die Entdeckungen am Schiffsbau
der Prozess unserer eigenen Gedanken waren, selbe
nichts desto weniger in der Wirklichkeit vorhanden
sind, indem die Holz-, Eisen- und Leinwandtheile, die
mechanischen und organischen Kräfte, wie die architectonischen Ideen wohl existiren und keine leeren
Phantasiegebilde wären und zweitens, dass trotzdem,
dass wir sie in verschiedenen Abstuffungen denken, sie
dennoch sowohl im Schiffe als in der architectonischen
Idee eine Einheit bilden.

Diese Resultate der Betrachtungen, bei einem einzigen, vom Menschen hergestellten Gegenstand, auf das
Universum angewendet, macht uns die vier Reiche der
Kabbalisten und deren Identificirung יחוד העולמות begreiflich mit dem wesentlichen Unterschied, dass,
während jener Gegenstand von Aussen her geformt
wurde, das Universum im Innern geschafen sei.

Wollen wir das obige Beispiel weiter ausspinnen,
so zeigt sich uns, dass, nachdem wir die architectonische
Idee beim Schiffbau entdeckt haben, es uns treibt, die
Existenz des Idealen überhaupt ohne Specialisirung dieser oder jener Idee — als architectonische, schöpferische
u. dgl. — anzuerkennen, zugleich auch in diesem Ideale
den, wenn auch entfernten Grund des Baues zu erblik-
ken und einzusehen, wie in dem Idealen alles Gesonderte vereint wäre, weil das Wesen alles Gesonderten das einheitliche Ideale sei (vrgl. S. 62 Anm.). Auf

das Universum angewendet, wird dieses Ideal bei den
Kabbalisten der Urmensch אדם קדמון genannt und die
Identificirung aller Reiche in demselben nennen sie die
obere Identificirung יהודא עילאה im Gegensatze zu der
in den gedachten Reichen selbst, die die niedere
heisst יהודא תתאה.

So streift der Mensch in seinem Gedankenflug durch
die ganze Natur in ihre beiden Abtheilungen der
natura naturata — Mechanismus, Organismus und
Zweckmässigkeit — und natura naturans — die
Hauptideen und das Ideal — und erkennt, wie das Ideal
alle Abstuffungen eint unter einander und in sich selbst.
Hier aber ist die Gränze des menschlichen Verstandes,
eine Gränze, die er sich selbst bewusst ist; er fühlt
es wohl, dass wenn er auch die Einigung aller Abstuffungen einsieht, ihre Sonderung doch n ch nicht ganz
getilgt wäre, besonders macht sich noch immer geltend
der Unterschied zwischen dem sinnlich Wahrnehmbaren
und sinnlich Unwahrnehmbaren, zwichen der ausgedehn-
ten bewegten Materie und der untheilbaren bewegenden
Kraft; er fühlt, dass am Boden seines geistigen Gebäudes noch, so zu sagen, ein Ansatz klebt des Widerspruch's zwischen Unterscheidung und Einigung, den
er weggeräumt zu haben glaubte; er fühlt auch, dass die
Natur in ihrer Totalität eine Schranke haben muss,
eben weil sie eine Totalität bildet; zugleich fühlt
er auch, dass es ein Etwas geben muss, in welchem ein
jede: Widerspruch, eine jede Schränke gänzlich ent-
schwunden sei, aber er fühlt ebenfalls, dass dieses
Etwas ausserhalb seines Erkenntnissvermögens liegt.

Und richtig, was der Verstand als für ihn uner-
reichbar fühlt oder ahnt, erschliesst sich der Vernunft
intuitiv. Es erschliesst sich ihr jene Kraft, die keine
Vermittlung der Widersprüche ist, sondern wider-

spruchslos keine Einigung und Uibereinstim-
mung der Verschiedenheiten bildet, sondern eine Einheit, keine Totalität aller Endlichkeiten, sondern
das Unendliche, Schrankenlose sei, kein, so zu
sagen, geistiger Mechanismus wie die Natur, sondern
das Uibernatürliche, keine relativ höchste Ursache,
sondern absolut einzige Ursache. Diese Kraft, welche wir Gott nennen, birgt ein verhüllender Schleier,
der nicht ihr, sondern uns — dem endlichen Geist —
angehängt wurde, dass wir sie weder körperlich schauen,
noch geistig begreifen, sondern im Innern ihre Nähe und
Wirkung gleichsam gewahren. Diesen Schleier nennen
die Kabbalisten Concentration. Ein Lüften dieses Schleiers
möchte das Weltall — die Natur = das Nichtabsolute —
in Nichts verwandeln.

Hat der menschliche Geist diesen Flug von unten
herauf bis zur höchsten Stufe durchgemacht, so steigt
er wieder von oben herunter und zwar auf folgende Weise:

Nachdem er, wie aus Obigem erhellt, die allerhöchste Stuffe erreicht, und das Dasein des absolut unendlichen, schrankenlosen, unbedingt einheitlichen, überna-
türlichen Wesen innerlich gewahrte, fühlte er zugleich,
dass dieses Wesen nicht bloss die immanente und folglich immerwährende Ursache des Universums sondern auch der immanente immerwährende Schöpfer desselben sei, d. h. er fühlt, dass Gott nicht die gezwun-
gene Ursache des Alls sondern die freie ist, analog
seiner eigenen Thätigkeit, die er sich nur als eine freie
denken kann, und setzt daher nächst Gott selbst dessen
freien Willen als die erste Ursache des Universums
רצון הקדום.*)

---

*) Es wird in der kabbalistischen Seelenlehre ausführlich nach-
gewiesen, dass die wesentliche Eigenschaft des Geistes die Freiheit

Dieser freie göttliche Wille aber, wenn er wahrhaft frei, nicht ein willkürlicher, ein indifferenter sein
soll, muss ein weiser sein — Gott kann nur das Weise wollen — deshalb folgt im menschlichen geistigen
Gedanken dem göttlichen Willen, die göttliche Weisheit,
als nächste Ursache des Alls, oder wie man sich populär ausdrückt, Gott wollte, dass das Universum nach
den Regeln der Weisheit entstehe und sich erhalte. *)
Diese Regeln der Weisheit manifestiren sich also
in der gewordenen Natur, als Schöpfungsideen begründen sie das Wesen der Natur, als bildende or-
ganisirende Kräfte verleihen sie derselben das Leben,
als mechanische endlich den sichtbaren Stoff.

Auf diesen beiden, entgegengesetzt scheinenden
Wegen — a posteriori und a priori — gelangt
der menschliche Geist zu einem und demselben Resultat, nämlich zur Einsicht der Absoluten Einheit; es erkennt der menschliche Geist, dass nur unsere beschrän-
ten Sinne, wie unser beschränkter Verstand Vielheit
und Unterscheidung in der Welt wahrnimmt, dass in

---

sei, dass aber die geistige Freiheit von der Willkür zu unterscheiden
sei; die Willkür, glaubt man, handelt ohne jeden Grund, was aber,
wie dort erörtert, unmöglich wäre, weil ohne Grund nichts geschehen
kann; in der That aber, handelt dieselbe nach Leidenschaften—nach
äusseren Eindrücken, — ist daher nichs weniger als frei, sondern
gezwungen, weil frei sein heisst, nach inneren Gesetzen—nach der
Gesetzen der Weisheit handeln, nicht von Aussen influirt werden.
Diesem analog betrachtet der menschliche Geist, auch die freie Thätigkeit Gottes.

*) Die Kabbalisten unterscheiden ferner zwischen der Weisheit
die gleichsam die innere Natur des göttlichen Willens bildet,
und der Weisheit welche der göttliche Wille manifestirt, nennen erstere, die obere Weisheit חכמה עילאה und letztere die niedere
Weisheit חכמה תתאה, auf welche Unterscheidung wir im Laufe
unserer Darstellungen, welche besonders die Spezialitäten betreffen,
zurückkommen werden.

ספר פרדס רמונים ר' משה קארדאווערא זצל"

שער עצמות וכלים פרק רביעי.

אמת כי יודברו יוזר הכל א"ם מלך מלכי המלכי' הקב"ה, אשר לא
ילדק אמרנו בו יתברך ולא ישתנה ולא יתפאר וכיולא בהם מפני שאינו מתברך
משום אחד ולא משתבח ולא מתפאר מזולתו אלא הוא המתברך והמשתבח
והמתפאר והמקיה מתחילת נקודת אבללתו עד נקודה תתכונה מקרכי ראמיס
עד בילי כנים וקודם ויהיא יבירת העולם לא הוזרך אל אבללות כאשר כתבאר
בשער הקודם ויהיא נעלם בפשיטתו הקדום והטהור לא ילדק בו שום אות
ונקודה ולציר כי אפי' כתר תחילת האבללות נכלל מקנו הם והליור כ"ש
וק"ו המאבליל מלך מלכים הקב"ה, ובו אין אנו יכולין לדבר ולא לליר ולא לקייב
לא דין ולא רקמים לא רוגז ולא כעם לא שנוי ולא גבול ולא שום מדה לא
קודם האבללות ולא עתה אחר האבללות. אמנם מה שראתו שנדע היא כי
בתחילת האבללות האביל אין סוף מע"ה ע"ס אשר הם מעצמותו מתיחדות בו
והוא והם הכל אחדות שלישי' הספירות האלה הם נשמה ומתלבשות
בע"ס הנקובות בנשמה שהם כלים כאלו נאמר שע"ס שהם עצמות מוח
ונשמה לע"ס שהם כלים ויובן הדבר זה היטיב בהיותכי מביטים אל הגלגלים
שכל הכפכים הסכימו היותם גופים עם שהם קיים כלפים גשמיים וכף
אלקי נתן בכל א' מהם המסבב אותו והכך ההוא הוא נשמתו והיא המספרת
כבוד אל האמור בדברי המזמור והנה לפי האמת הם שני מיני גלגלים
מתיחדים כאחד הא הגלגלים הגבמיים והשני הכך המקיה אותם שהיא הכך
האלקי השומע עליהם המתפשט בגלגלים כן נוכל לדמות בספפי" להבדיל כמה
הבדלות ולפי האמת לא יקרא החכמה הכלי רבה לומר ספפי' הקיולבכה שהוא
לבוש אל התיכונה כי התיכונה הוא אשר יקרא חכמה בתאמיתית חו
לבוש אלי' להראות העמים והשרים את יופי נשמתה הפועגלת בה חו לבוש
אלי' וכן אין הבינה הספירה הקיולבה ר"ל הכלי אשר היא לבוש אל התיכונה
אלא הנשמה הנכנסת בה ונכתרת בתוכה היא הבינה בתאמיתית והקיולבכה
לבוש אלי' וכן לשאר הקידות הספירורת. וזה לא יהי' שנוי במאביל ולא קלוק
בו כדי שילדק בו היותו מתחלק לחלקים באלה קלקים העשר ספפי' כי אין
השנוי וחלוק בו אלא בספפי' הקיולבית: ונוכל להמשל משל נאה כדי שיתקבל
דבר זה בדעת המשכיל המשל אל המים אשר הם מתחלקים אל הכלים
והכלים משונים בגוונם זה לבן וזה אדום וזה ירוק וכן כלם הנה כאשר
יתפשט המים אל הכלים ההם עם היות המים פשוטים מכל גוון הנה יתראו
גווני הכלים ההם וישתנו אל גונם וזהכה לפי האמת אין השינוי הגיין
יהוא קטוי במים אבל על ידי הכלים המשונים ישתנו אל הגון ההוא

במקרה לא בפועל והמקרה ההוא בערך הרוחים לא בערך המים בעלם וכן
הדבר בספי' הכלים הם הספי' התכונות אבלנו חג"ת ולהן גוון לפי פעולותם
לבן אדום וירוק ואור המאציל שהם עלמותו עשר אורות מתפשטות בעשר
הם המים אשר אין להם גוון כלל כי הם פשוטים מכל שנוי ומכל פעולה
ולא יפעלו השנוי אלא ע"י הכלים המשתנים בפעולותם, ואין שנוי בעלמות
המתפשט בהם בעלם אלא במקרה לעין רוחים ר'ל לפי המקבלים לא לפי
עצמן: וכמשיל עוד משל השמש והחמל אל כילן השמש העובר דרך
הקלון ודרך מעברו בדרך עשר עשיות מעשר גוונים משונים ומאיר האור
אל עבר פני'. והנה לפי האמת אור השמש לא יתפם בו גוון כלל ועם
כל זה דרך העברת העשיות שתמכה בסיבת שנוי העשיותבמלא האור מאיר
אל עבר פנים ביתה בגוון העשיית, ולפי האמת אין השינוי נקבה באור קנין
עלמי אלא בערך בחינתו אל הרוחים וכעניין ההוא ממש אל הספירות כי
האור המתלבש בעשר ספירורת הכלים הוא העלמות הנמשל בדבריכו אל כילן
השמש שאין בעלמות ההוא שינוי גוון לא דין ולא רקמום לא ימין ולא שמא
אמכם ע"י התפשטותו בספירורת שהם העשיות המשונות בגוונם שבהם ישפט
בהם הדין והרקמ,ם והאור המאיר אל עבר פנים הוא ההנהגה הנמשכת
מאיתו ממש ע"י ספירותו כפי שנוי ספירותו שהם כלים משתנים ומצמים
הפעולה כפי רלון האור להאיר ולהקשיך והאור הפשתנה הוא במקרה לא
שכוי עלמי קנוי באור וידוע כי נפי אשריגדלו העשיות או הכלים ככהינגל
אורס וכשמתם וספירותם הפנימית, והנה הנדול לא היא"ב'ן בכלים ההונבלים
ואמרכו חונבלים אין הכוונה אלא שנגדל על הנדול הנבגל בפעולה אבל לא
שיהי' בהם נגול ח"ו וברערך המאלול אין נגול אפו' בפעולה הנמשכת והשיכוי
הוא בערך התלבש האלילות בנבריאה והנבריאה ביצירה והיצירה בעשיה ועל ידיהם
יפעל השיכוי ויתבאר עוד בע"ה והאמת שבכם בנשמתם להגדיל או להקטין
אותם ולכוננכם ולסעדם כאשר ברצונה ואמרכו להגדיל או להקטין ר"ל להעלות
מה שהוא בכלל עשירי שימתוה אל השני כעניין יקוד ת"ת ומלכות או
להקטין כעניין לכי ומעטי עלמך כמו שיתבאר כו בשערים הבאים בס"ד . והנה
עתה שני מיכי ספי' וסניהם מיוקדים תכלית היקוד הא' כמו אופן נתוך
האוקן והיא הכשמה והספירורת האחימית והכק הפועל באמיתי והוא התפשטות
עלמותו וכחו של יולברכו, והשכי הכלים שהם שלוחי נשמתם אל הפעולות:
ובוכל להקשילו משל כאה ואמיתי הוא מוזיע כל פרטי הדרום הזה והוא הקמל
אל הכשמה המתפשטת בגוף ופועלת על ידו. וידוע כי אבר היד אין פעולת
היד תלויה בו כי כמה וכמה יש להם ידות ואין בכם כק פעולתם מפני
שאין החיות והכשמה מתפשטות ביד ההוא אם כן כמלא עקר הפעולה תלוי
בנשמה המאירה ביד ההוא. והנה באמיתית כאמר שאין שינוי בנפש היד
מכפם הין, וע"כ אין פעולתם שות שזו פעולתה רעייה חו סעולתה המישוג,
אבל הפעולה תלוי, באמיתית הכפש הפנימית ומשתכות על ידי האבר החילן
כמראה הפעולה ושיכוי הפעולה היכו בנכש אלא ביד או ברגל בשיתוף
הכפש עם האבר ההוא העושה הפעולה ההיא, והנה כאשר כשאל מהו הגדר
הרגל או היד לא יגלדק באמיתותו כ"א בכש הכפש השופע כיון שהוא כח

ההליכה או כח הלקיחה, וכן הענין בספירות שהם כדמיון גוף וכמשה, הנשמה
היא הפעלות המתפשט בספירות ונותן בהם כח לפעול דבר ותמורתו ושיכוי
הפעולה תלוי במליאות הספירות שהן הכלים אשר חם ושלם בהתאסף האור
השופע שהם הכשמות הספירות העליוניות, ישארו האחרות כגוף כלא נשמה,
ומה שראוי שכדע הוא כי בהתאסף רוב האור המאיר ולא יאיר בהם
כראוי חם ושלום אז העולם בדין עד כלה, ואל הענין זה יש כמה חלוקים
חלוקים עד אין תכלית, ועכ"ז נעורר על קלת הענין ומשם ידע המשכיל להקיש אל
כמה בקיות זולתה, וקודם שנבאר הענין נתשיל משל אל עליי' על גב עליי'
ועליי' על גב עליי' עד עשר והעליות יש להן ארובה בחמלעות כל אחד
מהן זו כנגד זו ודרך העליונה יכנס אור השמש ויבואו דרך אותם הארובות
אל כל העליות ויאיר אל עבר פנים ביתה וכאשר בהיות העולם בשקט
ובשלוה יורה היות הארובות ההם שהם מקבילות אחת אל אחת עד היותן
שואבות אור כילן השמש, ואם ח"ו עלה בדעת שעליה אחת מהן יטה אל גב
אחד ויעדר האור ההוא מהעליי' אשר נטתה הארובה ההיא אל הגב
ואינכה מקבלת את כילן השמש. כמבלא ודאי העליי' ההוא נתחשכה עם כל
אותם שלמטה ממכה לפי המקום שיפול שם הפגם ההוא, והנה נאמת
אין התחשך כמשך מהעדר ותחשך בעלם האור, אמנם כמשך מפני רוע הכנת
המקבל.

שער כ"ה הוא שער התמורות פרק ראשון.

אחר שנבררים הקודמים דברנו בכל הרמוס בענין המלאכים הקדושים
ראוי לני לדעת כי גם את זה לעומת זה עשה האלקים, כי כמו שיש עד
הקדושה והטהרה והבדקה והיושר וטוב תבונת ההנהגה כדפירש' מתחלת
דברנו כן יש עד הקליפה שהיא הטומאה הרבועה שהיא הקטרוג ומבלה
המשטין והסמעות את האדם מדרך ישר אל דרך לא טוב ועולן ומקטרגין
עלי' ומטמאין אותו כי טמאהוא וכו מאיקרא וטמאה ירדפו, ויש שואלין מאחר
שהקדושה והטהרה והדקות הוא באלילות באין תכלית והיא מובדל מהמדות
האלה תכלית ההבדל אם כן מהיכן ילאו הקליפות, והיכן הן קודם יבירתן,
ולכאורה היא שאלה עלומה, וישתומם המשכיל עליה וקבלנו בזה ממוריכו
תרוץ כאה והוא משל אל הדגן המתוקה מכל פסולת תכלית הכקיון והטהרה
הכה עכ"פ שיאכל האדם אותו ויתעכל המזון ההוא במעיו ישאר שם פסולת
הרבה ופרש והנה הנאמר שבשעת אכילתו מכל הזוהמא והפרש ההוא לא
אלא לפי מליאות המזון קודם אכילתו הי' הדבר הנאכל ההוא יותר נקי
שהי' יכול להיות במליאות מובדל מכל פרש ומכל זוהמא, אמנם אחר האכילה
והבדלת הדבר המובחר ממכו ישאר פרש ההוא מה שלא הי' עד עתה,
וכן הדבר בהאלילות האמת הוא כי למעלה במקום האבלות אין דבר רע יורד
מן השמים כי למעלה הדברים דקים תכלית הדקות, אמנם בהתעבות הדברים
ויריגתם בסדר מדרגומם הכאבלות היות הדבר כפרד אוכל מתוך אוכל ויתהווה
שם פסולת. עוד משל כאה ומתישב יותר התמשל אל זיע האדם אשר היא
המובחר המתהווה בגוף האדם והוא יולא מהמוף דרך האשלות אל הגיד
ואותה הטפה בטבע המלאה יתהוה מטנו הולד ודברים אחרים מזוהמי' מזולת

הולך, וכי יעלה על הדעת שבמקום האלם שהוא מונקד הגוף יתהווה בו
מליאות הזוהמא ההיא, לא ודאי שאם כן יסף' כרגע אבל הזוהמא ההוא
מתהווה בהמשכת הטפה זרעית ממקום למקום וממדרגה למדרגה מתהוה
הזוהמות. בהבדל המונקר יתהווה ממנו הולך ומהשאר מתהוה הזוהמא, וכן
הדברים באצילות למעלה במקומה אין דבר רע, אמנם בהמשכת' למטה יתהווה
ממנו בהבדלת הטהרה והקדושה דבר טמא שהוא הפסולת סיגי הזהב.

№ 2.

והנה הגם שבזה תקנו תקון רב שנעלמותו י"ת אין שיכוי בכל ההתמשכות
כי כל ההתמשכות מריש כל דרגין עד סוף כל דרגין הכל הוא מעלמותו
י"ת ואעפ"כ לא אשתני כ"א השנוי הוא מצד הכלים אעפ"כ עדיין לא יצאו
ידי חובות ביאור כדי הטורך ולא יקלט מכמה שאלות א' הכלים בעולם
האיך תדין בהם ואיך התהוותם אם כאמר שהתהוותם הוא מעלמותו י"ת
הלא תמצא ק"ו שנוי בעצלמיתו מצד הכלים כי אפילו באצילות אשר שם הוא
עיקר היחוד הלא מוכרח אתה להעריך איזה שנוי ק"ו כי אין דומה מקודם
אצילות אשר אורו י"ת בלי התלבשות אשר לית מח' תפיס בי' בנחינת השג'
כלל ובאצילות הרי יש איזה תפיסא והשגה מצד הכלים ומה גם כי על כל בלי
משונה מחבירו הגם שהשתמות הכלים המה בכח א' אעפ"כ יש בהם איזה
גלימו להיותם כך להעולמות אשר תקתיהם אשר כפעלו מהכלים מה שלא
תוכל אומר כן בא"ם י"ת שלא בערך הכלים אשר אינו נתפס בשום ערך ודמיון
לעולמות וכמ"כ וק"ו יק אחרי יביאת הכלים לפועל בנ"ע הרי נגלו לנפרדים
גמורים מה תדין בהם אם המה מעלמותו י"ת הרי כשאר קושיית החוקרים
א"כ עלמותו כתנגשם ק"ו ונחלקה לחלקים ופירוד ושנוי ורבוי אשר המה מצד
הכלים כו' ואם תאמר ק"ו שהאליל וברא את הכלים בלי התמשך עלמותו
י"ת הלא תמצא דבר זולתו ק"ו והלא כל היחוד והאמונה תלוי בזה שאין
זולתו כלל והוא י"ת שוה בכל העולמות בתכלית השואה גמורה אפילו מצד
הכלים. כמאמר הכ' אני ראשון ואני אחרון ואת השמים ואת הארץ אני
מלא בלי שום שנוי כלל ובמאמח"ל הוא מקומו של עולם ואין העולם מקומו
דהיינו שהוא ית'הוא מקורם של הכלים דהיינו שהכלים הם מאמיתתו י"ת
דווקא. וכל המאלים אשר המשילו דהיינו מאור השמש ומהתפשטות הנפש
בהגוף והעליות ומהכדורים ומהמים לא יצלקן כי כל אלה המה מהות נבדל
מהאור אשר בתוכו כמו אור השמש המאיר בכלל העולם ונכתים הרי קלל
העולם והנתים אשר מאיר בהם המה מהותים כנבדלים בגדרם מהות
השמש המאיר בהם גם התפשטות הנפש בגוף הרי הגוף הוא נבדל מהות
הנפש נבריאה כי הנפש הוא רוחני הנמשכת מהאובנים והגוף הוא בשר
נשמי הנתהווה מטיפת אביו ואמו וכן המים בהכלים והעליית והכדורים הכל
המה מהותים כנבדלים בגדרם אשר ע"כ שייך לומר בהם שאין ההשתמות
מצד האור כ"א מצד הכלים אבל הנורא י"ת אין התפשטותו בעולמו כמו
התפשטות האור בכלל העולם או כמו התפשטות הנפש בהגוף מאחר שאין

כמלא זולתו ואפס בלעדו ואין מהות אחר ממנו כי יותר הכל הוא והלא
הכלים לא קדמו לו ק"ו כמאה"כ מי הקדימני ואשלם וגו' כמלא שכל התהוות
הכלים היו מעצמותו י"ת ואלו הי' ק"ו מסתלק רגע מהם לא תוכל לומר
שהיו הכלים נשארים בלי חיות כ"א שהיו מתבטלים לגמרי וכמובן בזוה"ק
ותקונים אלו אסתלק שפע מנהון רגע' קדא היו מתבטלים והיו אחרים
למקורים מחמת שכל התהוותם וקיומם הוא מעצמותו ית' ובלתי עצמותו י"ת
המה היו כלא היה לגמרי מאחר שאין דבר זולתו ואין חוץ ממנו ואין כמלא
בלעדו. וביותר קשה להולמו לפי דעת' ענין הקליפות והס"א אשר היא
נתגלים לכפרדים גמורים מאין הוא התהוותם הגם שהרמ"ק ז"ל ביאר
בשער התמורות שהוא כמו הדגן כאשר הוא בשליטות אין נמצא בו שום
פסולת ואחר אכילתו יוצא ממנו פסולת כמצא הגם שהי' הפסולת ממנו
אבל בעורבו בקיומו לא נראה בו שום פסולת וגם המשיל לטיפת הזרע
כשעורבו בכחו של האדם היא מהמובחר שבאדם וכאשר יצא לחוץ ונתהווה
ממנו הולד הסי' יוצא ממנו מהטיפה פסולת מרובה וכמ"כ המשיל המדות דאלי'
כשעורבו בנקי' אבל' הרי אין בהם שום תערובת פסולת כלל כ"א כח המאציל
בכללליה בלי פרידא כלל אך בהתגלותם לחוץ לבי"ע שם נתגלה הפסולת
כן הוא כוונתו ז"ל הגם שאין זה לשונו ממש ודבר זה אין הדעת סובלתו
שיהי' ק"ו הרע כמעל מעצמותו ית' וגם שיהי' הרע' בכחו ק"ו רק שבשם
אינו נגלה כי הלא מקרא מפורש לא יגורך רע ומקרא מלא דבר הכתוב
מפי עליון לא תצא הרעות אפי' בנבי' יליאתם לחוץ כי מאחר שהוא לבדו
ואין זולתו כלל איך יצא ק"ו מאתו היפוך לגמרי כי לפי דעתם ז"ל מוכרח
להיות כח הפסולת באצילות שהוא הכלים המתהווים מעצמותו ית" והוא קד
בהן רק שאינו נגלה. ועוד קושי' לפי דעתם ז"ל שכל הכלים המה בדרך
השתלשלות עילה ועלול הרי אין הדעת סובלו מכמה מכמה פנים א' הוא כי כל
עלול מוכרח להיות אחה סייבות לעילתו ולשון השתלשלות מורה ע"ו כשלשלת
שבאחז' זה"ו מוכרח להיות אחה אחת אחיזת זה"ו ואיך יתכן להיות הכלים עלולים
מא"ס ב"ה אשר הוא רחוק מגדר הכלים רומיות מעלות לאין קץ וכמאמר
התיקונים אשר אנ"ז אפילו כ"ע אוכם הוא קדם היא עילת העילות מאחר שהוא אינו
בערך וגדר עולמות כלל כמאמר אין ערוך לך ואיך יהי' שייך לומר שיהא
א"ס ית' עילה אפילו לנבי' כתר אשר הוא אינו מגדרו וערכו.

ועתה נבוא לבאר בעז"ה וישעותו ית' דהיינו הקדמה אחת להבין
החלוק בין עלם לאור אשר לכל הנמצא בעולם מוכרח בכל בחי' עלם דהיינו
עלמות המהות של כל דבר ואור הוא הנגלה ממהותו לזולתו וכמו למשל
השמש יש בה עלם מהותה והוא הנקרא מאור ויש בה אור שהוא התפשטותה
להאיר בכלל העולם והנה הגם שהאור הוא מעלמות מהותה אעפ"כ בעוד
האור בגוף השמש לא נחשב למהות נם"ע אבל בנבי' התגלותה לכלל העולם
נקרא בשם אור השמש והנה בעלם מהותה לא תמצא שמי נעולם כי הכל

הוא בעולם וכנ"א אחד אבל באורה תמלא שמים רבים מלד המקבל אורה
כידוע וכמ"כ הוא ג"כ בנפש האדם יש בה עולם מהות הנפש העמי' את
הגוף מראשו ועד רגלו אשר מלד עולם הנפש לא תמלא בה שום שנוי
והתחלקות כ"א שמחי' את הגוף בשוה דהיינו בבחי' חיות הגוף אין הבדל
בין חיות הראש להרגל הכל הוא חיות אחד הכולל כל חלקי הגוף בהשוואה
אחת ויש בה אור דהיינו גלוי מעולם מהות' באיברי הגוף בבחי' זו תמלא
שנויים רבים שאינה דומה התגלותה בהמוח כהתגלותה בהרגל וכל הפרטים
הכל הוא מלד התגלותה ואין צריך להאריך בזה כי כבר יש ביאור לזה
בפרקי' הקודמים אך זהו הקדמ' ותחל' להבנה שמלד העולם אין שום שנוי
ואינו בערך שמויים וכל השמויים המה מלד האור בכדי שעי'ו יתוקן וייגן
למשכיל למעלה הגם שלא יתדמה לגמרי המשל אל הנמשל כאשר אמנ"ל   X
ויבואר לקמן אעפ"כ בזה ידמו שאין שמוי מלד העולם כ"א מלד האור וכן
הוא כב"י יש הבדל מלד עלבוותו ית' שמלד עלבוותו אין לתאר אליו שום
שמוי ק"ו בכל הנפעלים כי הוא נמלא בכל העולמות עליונים ותחתונים
בהשוואה גמורה מרוש כ"ד עד בלי שמוי כלל כמאמר הכ' אני ראשון ואני
אחרון ממש בהשוואה גמורה ואת השמים ואת הארץ אני מלא דייקא כה'
השמוי הוא מלד האור שהוא הגלוי הנגלה מאורו ית' בנבזו' אומ"ם בזה יש
שמויים שאינ' דומה האל"ם ית' הנגלה ברבית העולם שהוא התגלותו
ית' בנבזו' א"ם בלי גבול וכדו' לאורו ית' הנגלה בנבזו' עולם ואינו דומה הגלוי
בעולמות עליונים לעולמות התחתונים וכן בכל פרט ופרט וכל השמוים המה
מלד המקבלים האור שאין נגלה אל המקבלים כ"א לפי ערך עילתו שאין
מקבל יכול לקבל בהכלי שלו כ"א לפי ערך הכלי שלו אבל לא מלד עלבוותו
י"ת אשר אין מעלים ומסתי' לפניו י"ת.

№ 4.

erscheint im dritten Hefte.

№ 5.

עדיין יקשה למעיין להבין כמה ענינים א' הוא כי החלוק בין עולם
לאור אין שייך לומר כ"א מלד הפועל והנפעל שהם ב' מהותים נבדלים
דהיינו כמו במשל הכ"ל השמש המאיר לארץ ולכלל העולם אז שייך להעריך
ההבדל שבין עולם לאור כי העולם הוא מלד גוף השמש שלא בנבזי' התגלות
אורה לכלל העולם והאור הוא אחר יליאתה להאיר בכלל העולם. כי כלל
העולם הוא מובדל מגוף השמש ומהות נבדל אז נופל בו היחוס יליאת האור
לחון וכן הנפש המתפשטת בהגוף מאחר שהגוף הוא מהות נבדל מהנפש
שייך בזה לחלק בין עולם הנפש לאורה שהוא התפשטות' בגוף כי עולם הנפש
הוא מלד מהותה שהוא כך רוחני ואורה הוא החיות המתפשט בהגוף שהוא

אפי' כטיפה מים לגבי כח עצמותו שאינו בערך דרגין כלל איך יתכן לגילוי
זה אשר הוא בטל לגמרי לגבי עצמותו אשר ידוע בכל המדריגות אשר בעת
התגלות העליון אין מקום לגילוי המדריגה הנמוכה הימנה כמ"כ וק"ו בעצמותו
א"ס ב"ה אשר אין קץ אין קץ ואין תכלית לרוממות מעלתו וגם מהותו על ערך
כח העולמות שבעצמותו ודל"ל :

והנה אשר תואר הצמצום הזה אזי יתכן לקראו בשם אח"ס ב"ה כי אזי
יתכן לקראו בשם גילוי כחו י"ת שבנפי' העולמות והנה הגילוי הזה הגם
שהוא בפי' גילוי כח הדרגין שבעצמותו י"ת הרי מלד השוואתו י"ת בהם
ושלימותו הרב אשר כח העולמות שבכחו משתווה בעצמותו י"ת באין הבדל
כ"א בהשואה גמורה עם עצמותו י"ת עדיין אין מקום לגילוי הדרגין והעולמות
אב"יע כאשר הם בכחו בנפי' פרטיותיהם דהיינו כחו שבנפקינת העולמות
בנפקינתם לבדם מלד כח השוואתם י"ת המשתווה בהשוואה עם כח עצמותו
שלא בנפקינת העולמות כמבו"ל או מוכרח אתה לתאר מקום סכוי ולמקום
דהיינו סילוק אורו יתברך הכולל המשתווה בהשוואה'גמורה עם עצמותו י"ת
בכדי שיהי'מקום לגילוי כח אבי"ע אשר בכחו בנפקינת פרט חהו הצמצום
המבואר בע"ק חהו לשונו דע כי טרם שנאללו הנאללים ונבראו הנבראים
היה אור העליון ממלא כל המליאות ולא הי' שום מקום סכוי ואויר ריקני
וחלל אלא הי' הכל מלולא מאא"ס פשוט הי' פשוט ולא הי' לא נקי' ראש ולא
בפי' סוף אלא הכל הי' בפי' נקי' אור א' פשוט שוה בהשוואה אחת והוא הנק'
אוא"ס וכאשר עלה ברלונו הפשוט לברא את העולמות ולהאלל הנאללים
ולהוליא לאור שלימות פעולותיו ושמותיו וכנויו אשר זאת היתה סיבת בריאת
העולמות והנה אז כמלא א"ס א"ע בנקודה האמלעית אשר בו באמלע ממש
ולמקום האור ההוא ונתרחקו אל לדדיו סביבו' הנקודה האמלעית ואז נשאר
מקום סכוי ואויר וחלל ריקני מנקודה האמלעית ממש ע"כ דהיינו כאשר
מבואר לע"ל שכל המליאות הן בכחו י"ת וכאשר המה בכחו י"ת הי' אור
עליון פשוט ממלא כל המליאות בהשוואה אחת בנפי' זו שהוא השוואתו י"ת
בכל המליאות והיאך יתכן לקראתו בשם אוא"ס כמבו"ל שעיקר קריאה בשם
אוא"ס הוא מלד המליאות הנמלאים בכחו וכאשר עלה ברלונו הפשוט לברוא
את העולמות אז הי' הצמצום בכדי לגלות שלימותו י"ת בכל פרטי הדרגין
בכדי להיות מקום לגילוי הדרגין כי שם אוא"ס הוא מלד המליאות הנמלאים
בכחו כי מלד גילוי שלימותו י"ת בנפי' השתוותו י"ת ופשיטותו הלא לא היה
מקום לגלות פרטיות הכחות הנמלאים בחמיתיות הנמלאו לכן ל בפי' גילוי
הדרגין אשר בכחו בפרטיות מוכרחים אבכמו לתאר הגמלומים דהיינו סילוק
אורו דהיינו התגלותו בפרטלותו יתברך בכח המליאות בנפי' שלימותו י"ת והשוואתו בכדי
שיהיה מקום לבפי' גילוי כח הדרגין שבעצמותו וזה נקרא אויר ריקני וחלל
מהגילוי הכ"ל אבל לא ת"ו שיהי' ריקני לגמרי ממש ק"ו להתעלות על הלב
ולהרהר שיהי' ריקן אפי' רגע אחת מעצמותו רק מלד הגילוי כו' אבל
עצמותו הוא לעולם ועד בלי הפסק עולמות וגם הריקון מלד האור אינו
כפשוטו ח"ו כ"א כלדיין ולגבי דידן מוכרחים אבו לתאר מלד גילוי הדרגין
בפרט שיהי' מקום ריקני באוא"ס ב"ה כי בנפי' פשיטותו כי אל"כ איך יהיה
הגילוי אך מלד עצמותו י"ת כל יכול וכאשר יתואר לקמן בנאור יותר והנה

הצמצום הוא בנחי' נקודה תחמצעית הגם שאין לתאר אליו י"ת עוד פשיטותו
י"ת שום תואר כו' כ"א לצבר את האחן מקמת שהצמצומים הוא בנחי'
השוואה גמורה אשר הוא י"ת שוה בכל צד בכל בקינת המליאות באופן
שאין לתאר אליו ראש וסוף או מעלה ומטה אפי' מצד הנמלאים אשר בכחו
י"ת כי הוא שוה בהם בתכלית ההשוואה מצד שליימות ופשיטותו י"ת אשר
כל הבחות שוין אצלו מרכ"ד עד סוכ"ד היה בהשוואה גמורה לכן הצמצום
הוא בכדי שיהי' מקום להתגלות הדרגין וז"כ מוכרחים אנו לתאר התגלות
המקום הכ"ל בנחי' ריחוק בכדי להאיר אורו עליהם מריחוק כי הגם שהי'
בנחי' סילוק אורו הגדול בכדי לגלות הדרגין ח"ו שנסתתלק מכל וכל כ"א
שסילק אורו והםעטעתו שנהתגלות רק בנחינת למצום להסתיר בכדי ליתן
מקום לגילוי הכ"ל אך אעפ"כ לא סר התגלותו מאתם ח"ו כ"א מריחוק
נראה עליהם הכ"ל וכמו למשל בהבדל מאדם המלאים מאחם ומסלק שכלו הגדול בכדי
שיהיה מקום לגילוי השכל הקטן אך אעפ"כ בעת הצמצום לא נסתלק
שכלו לגמרי כי שכלו מקיף וסובב לזה ההסתתלקות של חכמתו איך להמשיך
מקום לגילוי השכל הקטן בכח פרט ע"פ חכמתו כ"א הצמצום הוא מהגילוי
בטפע חכמתו להיות מקום לגילוי השכל הקטן בכל פרט ע"פ חכמתו כן
הוא הכתינת מקום לגילוי הנבראי' כן' למצום מהתגלות אורו השוה בנחי'
א"ס אך עכ"ן לא סר כחו ק"ו מהמקום הזה כ"א מאיר אורו י"ת מאיר בנקינת
ריחוק וד"ל · חהו שנתרקק סבינות העיגול המבואר בע"ק והנה מאחר שהוא
שוה יתברך כן ריחוקן מאחרו המאיר בריחוק הוא שוה בכל הדרגין ואחפן
השוה לא תמלא אלא בעינול דרך מטל בגטמי אין לדבר שוה כמו העיגול
אשר הוא שוה בכל קלקי' ואין בו מעלה ומטה וראש וסוף כידוע כן כינה
לאור א"ם ב"ה ב"ה בטביבת המקום פני בנקינת עיגול דהיינו שהוא שוה מכל
צד ומאיר אורו בכל הנמלאים בהשוואה רק שמאיר בריחוק הכ"ל וכמו
שהעיגול כתארבה כשעותו (ולהשוות) להשוואה מוכרח להיות בתוך העיגול
מרכז ונקודה תמלעית אשר עליו טובב העיגול אשר יתואר במקוונה
ומוכרח לעמוד על הנקודה על הנקודה אשר עליו תסובב המקונה ויהי' הנקודה האמלעית
מכל צד בהשוואה גמורה כן כינה בהצמצום מאוח"ס ב"ה בנקודה תמלעית

כדי שעי"ז יסוב כחו י"ת בהשוואה מכל צד ודי בזה למבין למשכיל :

והנה בנקינת הצמצום הזה כך' למצום השני כי למצום הראשון נקרא
אויר קדמון הוא כדי · ליתן מקום לגילוי אורו י"ת בנקינת א"ס בכדי שיתכן
לקרותו בטם אוח"ס והצמצום השני הוא למצום אורו י"ת בנקינת א"ם כדי
ליתן מקום לגילוי כח הנבראים וחלילותם שבעלמותם ובלמצום השני יט שני
בקינת למצומים דהיינו למצום הא' הוא ליתן מקום פני לגילוי אבי"ע
ולמצום הב' הוא התומכתו י"ת למלאות המקום פני דהיינו להתגלות בנקינת
כח הנמללים אשר מכחו הא"ם וקכרא זאת ההמשכה בקינת קו שהוא לינור
רק דהיינו להמשיך המטכה דקה מעלמותו י"ת שלא בנקינת גילוי אורו הגדול
י"ת בנקינת א"ם בנקינת הטוואתו י"ת הגם שהגם שהמטכה זו ג"כ בקינת א"ם
אך הגילוי א"ם י"ת הוא בדרך פרט והנה הגם שהפרט הוא ג"כ א"ם י"ת
כי אין להבדיל ק"ו המשכתו י"ת מעלמותו י"ת בנקינת אוח"ס רק שהסתיר
י"ת אורו הגדול שהוא גילוי השוואתו בכל הנמלאים בנקינת א"ם בכללית.

כ"א גילה מאורו י"ת פרט א, שהוא המשבת דקה מן הדקה אבל ההמשכה
הוא ג"כ בחינת ח"ס אשר בכח ההמשכה ההיא ג"כ אין לתאר עדיין בחינת
דרגין ונחינת גבול ח"ו כ"א הוא התחלה וראשית ומקור לגילוי העולמות
אבל עדיין אין לתאר ח"ו גבולים מקמת קריבותו אל המאצל' ודבוקו בו י"ת
הרי כל הנמשך מאתו כמוהו וכמו לו_משל_בהבדל_מכב' גדול כאשר_חלמחלם
גילוי כח חכמתו הכוללת אשר כלולה מכמה חכמות לאין קץ המשתווים
בערכו ערך מהות חכמתו בכדי להמשיך פרט א' מחכמתו מוכרח להמשיך
חיה המשכה מבחינת חכמתו דקה מן הדקה בכדי להתמשך לגילוי החכ'
הקטנה בפרטיותה והנה המשכה זו עדיין מקונברת עם כח חכמתו בעצמה
ומהווה המתמשך לגילוי החכ' הקטנה ואין קילוק בין המשכה זו בין עלם
המשכה הכללית כ"א שהמשכת חכמתו הכללית כוללת כל מיני חכ' שבכך
חכמתו והמשכה זו הוא גילוי בנבחינת פרט לבדו אבל המשכת הפרט חזה
הוא משתווה ג"כ עם ערך חכמתו ועדיין לא יגלה לחוץ מקחינת חכמתו
שבכי' הבדל כן הוא בנמשל שהתקו הנמשך' מעולמות אוא"ס ב"ה אין הבדל
ביני לבין אוא"ס הגדול שבעצמותו כ"א שבאוא"ס שבעצמותו הרי הוא כולל
כל חלקי המליאות בהשווא' גמורה עם עלמותו י"ת שלא בנבחינת המליאות
ומשתווה עם עלמותו י"ת עד שאין מקום לגילוי כח המליאות שבא"ס י"ת
בפרט מחמת גילוי הגדול שבעצמותו י"ת המשתווה עם כח המליאות בשווי
גמור ומחמת זה לא הי' גילוי לכח המליאות בנבחינתם לבדם כ"א התגלותם
של כח המליאות הם כאשר הם מצד עלמותו הגם שהי' הנעלום בנבחינת
אויר קדמון בכדי שיתגלה כח המליאות האוא"ס י"ת עכ"פ עדיין לא
סר כח עלמותו הכולל שבכל הדרגין להשוותם בהשווא' גמורה.

№ 6.

ועתה נבא לבאר להבין מעט איך הס כל הבחי' ההם מצד התקשרות
העולמות בח"ס ב"ה[?] ונתחיל לבאר מצד העולמות מתתא לעילא עפ"י המשל
הכ"ל דהייגו עולם העשי' כך' גוף בכלל בכל בחבי' פעולות העולם העשי' הנגלה
מא"ס ב"ה בנבחי' עשי' הוא בחי' כפש כמו דהייגו פעולות העולם העשי' הנגלה כ"א בבחי'
עשי' כמו הגלגלים ובצא השמים ובכל הברואים שהם על הארץ אשר בכולם
נגלה החיות מא"ס ב"ה הגלגלים בסבונם ומהלכם וכן לבבא השמים הנגלים
בגוף וגשם כמו השמש והירח וכוכבים אשר בכולם נגלה חיות הבורא י"ת
בסבונם ותנועתם כמאחז"ל הגמע יוצא ממזרח ומשתחוה למערב כלפי השכינה
וכן בארץ וכל אשר בה דהייגו בעדבר ונכי ובנבומק נגלה חיות ואפי' בדומם
יש בהם אופכים הנגלים אשר מזה נגלה חיות הבורא ב"ה וגלוי החיות זה
מא"ס ב"ה כך' נכי' כמו וגם כך' מ"ל בערך העולמות והתגלות קיותו י"ת
בנבחי' עשי' יגל' אשר שם נגלים כך כל העשי' בבחי' מדות וקיות אלקי המנהיג
את כל כחות עשי' כמבו"ל בפרקים הקודמים כך' חיות היפ' נכי' רוק
ונק' מדות שהוא נכי' ז"א ובעולם הבריאה שהוא הבכלה כל הנבראים
הנגלים בנבחי' בריאה מאת הבורא ב"ה וטעם ומכוון של כל נברא אשר כולם

6*

נפעלו בבחי' מכוון וכק' עולם המושכל גלוי קיומו זה כק' בערך העולמות
בחי' נשמה לגלוי החיות הנגלה בניבירה ועשי' וכק' בחי' בינה של העולמות
שהוא הבנת כל הנעשים וכולברים וחבי' הוא כח החיות המתפשט בהם בדרך
כלל ובדרך העלם וכסתר והוא כח הכולל קיותם של בחי' בי"ע בדרך כלל
שהוא הא"ס המתפשט מהם כח להחיות הבי"ע ובתוכו כלול כל החיו' של בי"ע
בכח א'לבד הכולל כל חיו' העולמות בכלל ובפרט רק שהם אינם נבחי' גלוי
וכק' אבי' בערך עולמות בחי' חכמה דהיינו כח מה שהוא כח מהות של כל
העולמות כאשר הם אגל א"ס ב"ה ובחי' קיות זה אינו נגלה בהעולמות כ"א
שהוא כויס והתהוותם והתהנגותם ע"י א"ס ב"ה בלי שום שינוי והתחלקות
כמבואר לעיל וכ"ו הוא בערך עולמות דהיינו בבחי' התפשטותו י"ת בעולמות
והנה הא"ס בעצמו י"ת מאחר שהוא אינו בערך דרגין כלל ואינו בערך
עולמות והוא פנתה"פ אשר אין להעריך אליו שום ערך דרגין והתגלותו
ויהתקשרותו י"ת הוא בבחי' פלא בלי ידיעה והשגה כלל איך נפעלו קימו
"ת עולמות ובחי' זו כק' א"ק דהיינו כח התקשרות א"ס ב"ה נהמשכתו
לעולמות הוא בבחי' פלא ואינו מושג בבחי' עולמות וכק' בחי' כתר של העולמות
שבחי' התקשרותו אינו בערך עולמות ואין להעריך זה בגדר א' כ"א כח פשוט
מעצמותו י"ת ולכן אין לבחי' זה שום שיתוף מכד העולמות שאינו בערך
השפעה כמו בחי' עולמות התחתכים דהיינו אבי"ע הם נערכים בערך השפעתו
בבחי' עולמות רק שהמה מיוקדים בכחו ובחי' המצמכת קיות העולמות בכק'
אחד שהוא משותף דבר וכוק' דהיינו בחי' משפיע ומקבל אבל בחי' א"ק
הזה כק' יקידו של עולם דהיינו שאינו בערך משפיע ומקבל כ"א כחו לבדו
י"ת הכולל כל קיות העולמות בבחי' א'. ,,וכל שאנו קוראים עולמות העליונים
והתחתונים המה מעולתם ורוחניותם כל שבנעגלה הרוחניות ביותר הוא בקיומת
מעלה לגבי גילוי הגשמיות התחתון הנגלה אבל אין הפירוש כמו
שקדמים הבריות שעולמות עליונים גבוהים קם וחלילה וכ'ו אלא
שעולם העשי' הוא הכראה לכו לעיכי גשם אבל כשתעמיק יותר
ותפשיטות' מגשמיות הוא עולם היצירה וכשתפשיטטו יותר הוא עולם
הבריאה וכשתעמיק יותר מהותו הוא עולם האצילות עד אין סוף
ברוך הוא.'' אבל הכל הוא בערך העו'הן הנגלה אבל מה שאינו בערך העולם
זה אינו בערך בריאה כ"א א"ס לבדו ית' לכן אסור לחקור בדבר זה.

(מן Nr. 2 עד Nr. 6 מספר עבודת הלוי להרב מוהר"א הלוי ז"ל
חלק ב' דף ס"ב עמוד"ב ומדף ע"א עד דף ע"ז).

ERRATA.

Seite 19	Zeile 6	von unten	statt	Glück	l. glück
„ 19	„ 7	„ „	„	Unglück	l. unglück
„ 27	„ 8	„ „	„	insolvirf	l. insolvirt
„ 34	„ 12	von oben	„	zwischen den	l. zwischen dem
„ 34	„ 13	„ „	„	unendlichen	l. Unendlichen
„ 34	„ 14	„ „	„	Bestand des	l. Bestand der
„ 34	„ 19	„ „	„	unsichtbaren	l. sichtbaren
„ 36	„ 2	von unten	„	Nalches	l. Malches
„ 40	„ 12	„ „	„	Begrif	l. Begriff
„ 41	„ 8	„ „	„	Begrif	l. Begriff
„ 44	„ 1	von oben	„	gemäss	l. genügt
„ 64	„ 12	„ „	„	יגורך	l. יגורך
„ 64	„ 16	von unten	„	עדש יבנם	l. עד שיכנם
„ 66	„ 16	„ oben	„	sehn	l. sehen
„ 69	„ 16	„ „	„	Gedachte	l. gedachte
„ 74	„ 3	„ unten	„	wie in	l. wie auch, dass
„ 77	„ 2	„ „	„	betreffen	l. betreffen werden
„ 77	„ 10	„ oben	„	Natur, als	l. Natur; als
„ 78	„ 17	„ „	„	Schule	l. Schale.

i

Durch die unterzeichnete Buchhandlung sind nachstehende, jüngst erschienene hebräische Werke zu beziehen:

מורה נבוכי הזמן

von **Nachman Krochmal** 2te Auflage, vermehrt mit einigen Briefen und der Biographie des seeligen Verfassers von Dr. **Letteris** . . . . Preis 2 fl. ö. W.

אוצר חכמה

Zeitschrift für die Wissenschaft des Judenthums, herausgegeben von **Josef Kohn** 1ter und 2ter Jahrgang. Preis pro Jahrgang . . . . 1 fl. ö. W.

קורות העולם

hebräische Weltgeschichte 2 Theile, von Anfang bis zur Gegenwart von F. **Goldstoff** . . . . . . 2 fl. ö. W. davon wird der 2te Theil enthaltend: Vom Beginne der französischen Revolution bis zum Jahre 1852 (10 Bogen stark) apart zum Preise von 60 kr. abgegeben.

Mondschein עמודי העולם Preis 80 kr. ö. W.

תולדות רמבמן

von **Isaak Eichel** . . . . . Preis 50 kr. ö. W.

לישרים תהילה

von **Luzzato** . . . . Preis 50 kr. ö. W.

Julius Wildt's Buchhandlung.

Errate zur Vorerinnerung.

Seite II. Zeile 14 von unten statt machende, machenden
„ „ „ 3 „ „ „ äusserliche, äussere
„ III. „ 5 „ oben „ scheinende, scheinenden
„ „ „ 2 „ unten „ der letztgenanten, zwischen dem des.

Anzeige.

Den geehrten Subscribenten dieses Werkes diene zur Nachricht, dass das 3te Heft Anfangs November l. J. die Presse verläst. Die Subscriptions-Bedingungen bleiben dieselben wie früher. Wer beim Herausgeber J. S. Herzog in Krakau direct abonnirt, erhält dasselbe mit 75 kr. ö. W. oder (15 Sgr.) pr. Heft, und auf 10 Exemplare 1 frei Exemplar dagegen ist bei Bezug durch den Buchhandel der Preis auf 1 fl. ö. W. (20 Sgr.) festgesetzt.